现代化新征程丛书

隆国强　总主编

IMPROVE BUSINESS ENVIRONMENT

KEEP RELEASING THE PRODUCTIVE FORCES

优化营商环境

进一步释放生产力

袁东明　马　骏　马　源等　著

中国发展出版社
CHINA DEVELOPMENT PRESS

图书在版编目（CIP）数据

优化营商环境：进一步释放生产力 / 袁东明等著
. — 北京：中国发展出版社，2023.2
ISBN 978-7-5177-1357-9

Ⅰ. ①优… Ⅱ. ①袁… Ⅲ. ①投资环境—研究—中国
Ⅳ. ①F832.48

中国国家版本馆CIP数据核字（2023）第015843号

书　　名：优化营商环境：进一步释放生产力
著作责任者：袁东明　马　骏　马　源　等
责 任 编 辑：吴　佳　王海燕
出 版 发 行：中国发展出版社
联 系 地 址：北京经济技术开发区荣华中路22号亦城财富中心1号楼8层（100176）
标 准 书 号：ISBN 978-7-5177-1357-9
经　销　者：各地新华书店
印　刷　者：北京博海升彩色印刷有限公司
开　　本：710mm × 1000mm　1/16
印　　张：16.25
字　　数：220千字
版　　次：2023年2月第1版
印　　次：2023年2月第1次印刷
定　　价：68.00元

联 系 电 话：（010）68990625　82097226
购 书 热 线：（010）68990682　68990686
网 络 订 购：http://zgfzcbs. tmall. com
网 购 电 话：（010）88333349　68990639
本 社 网 址：http://www.develpress. com
电 子 邮 件：15210957065@163.com

丛书联合编制单位

国务院发展研究中心企业研究所

国研智库

中国国际工程咨询有限公司

工业和信息化部电子第五研究所（服务型制造研究院）

中国社会科学院工业经济研究所

机械工业经济管理研究院

航天云网科技发展有限责任公司

苏州大学北京研究院

浙江工业大学

阿里研究院

之江智慧场景研究中心

《优化营商环境：进一步释放生产力》课题组

课题负责人

袁东明　国务院发展研究中心企业研究所所长、研究员

马　骏　国务院发展研究中心学术委员会副秘书长、研究员

马　源　国务院发展研究中心企业研究所副所长、研究员

课题协调人

马晓白　国务院发展研究中心企业研究所研究室副主任、副研究员

课题组主要成员

马淑萍　国务院发展研究中心企业研究所研究室副主任、研究员

高太山　国务院发展研究中心企业研究所研究室副主任、副研究员

许英杰　国务院发展研究中心企业研究所
研究室副主任、副研究员
王明辉　国务院发展研究中心产业经济研究部
研究室副主任、副研究员
雷潇雨　国务院发展研究中心宏观经济研究部
研究室副主任、副研究员
单衍菲　国务院发展研究中心企业研究所
助理研究员
石　颖　国家发展和改革委员会经济体制与管理研究所
副研究员
许　垚　浙江省改革研究和促进中心主任
陈　阳　世界银行集团国际金融公司咨询顾问
戴秋娟　北京外国语大学副教授
田　柳　对外经济贸易大学助理研究员
刘小溪　北京大学光华管理学院博士研究生
王誉霖　香港大学经济及工商管理学院博士研究生

总 序

党的二十大报告提出:“从现在起，中国共产党的中心任务就是团结带领全国各族人民全面建成社会主义现代化强国、实现第二个百年奋斗目标，以中国式现代化全面推进中华民族伟大复兴。”当前，世界之变、时代之变、历史之变正以前所未有的方式展开，充满新的历史机遇和挑战，全球发展的不确定性不稳定性更加突出，全方位的国际竞争更加激烈。面对百年未有之大变局，我们坚持把发展作为党执政兴国的第一要务，把高质量发展作为全面建设社会主义现代化国家的首要任务，完整、准确、全面贯彻新发展理念，坚持社会主义市场经济改革方向，坚持高水平对外开放，加快构建以国内大循环为主体、国内国际双循环相互促进的新发展格局，不断以中国的新发展为世界提供新机遇。

习近平总书记指出，今天，我们比历史上任何时期都更接近、更有信心和能力实现中华民族伟大复兴的目标。中华民族已完成全面建成小康社会的千年夙愿，开创了中国式现代化新道路，为实现中华民族伟大复兴提供了坚实的物质基础。现代化新征程就是要实现国家富强、民族振兴、人民幸福的宏伟目标。在党的二十大号召下，全国人民坚定信心，同心同德、埋头苦干、奋勇前进，为全面建设社会主义现代化国家，实现第二个百年奋斗目标，全面推进中华民族伟大复兴而团结奋斗。

走好现代化新征程，是站在新的历史方位，推进实现中华民族伟大复兴。党的十八大以来，中国特色社会主义进入新时代，这是我国发展新的历史方位。从宏观层面来看，走好现代化新征程，需要站在新的历史方位，在客观认识、准确把握当前党和人民事业所处的发展阶段基础上，主动适应大国经济阶梯式递进、螺旋式上升和经济高质量发展要求，不断推动我国社会主义从初级阶段向更高阶段迈进。从中观层面来看，走好现代化新征程，需要站在新的历史方位，明晰我国参与国际竞合比较优势的变化，通过深化供给侧结构性改革，对内解决好发展不平衡不充分问题，对外化解外部环境新矛盾新挑战，形成对全球要素资源的强大吸引力、在激烈国际竞争中的强大竞争力、在全球资源配置中的强大推动力，在高水平自立自强基础上塑造参与国际竞合新优势的战略部署。从微观层面来看，走好现代化新征程，需要站在新的历史方位，坚持系统观念和辩证思维，坚持两点论和重点论相统一，以“把握主动权、下好先手棋”的思路，充分依托我国超大规模市场优势，培育和挖掘内需市场，推动产业结构优化和转型升级，提升产业链供应链韧性，增强国家的生存力、竞争力、发展力、持续力，确保中华民族伟大复兴进程不迟滞、不中断。

走好现代化新征程，要把各国现代化的共同特征和我国国情相结合。实现现代化是世界各国人民的共同追求。随着经济社会的发展，人们越来越清醒地认识到，现代化虽起源于西方，但各国的现代化道路不尽相同，世界上没有放之四海而皆准的现代化模式。因此，走好现代化新征程，要把各国现代化的共同特征和我国具体国情相结合。我们要坚持胸怀天下，拓展世界眼光，深刻洞察人类发展进步潮流，以海纳百川的宽阔胸襟借鉴吸收人类一切优秀文明成果。坚持从中国实际出发，不断推进和拓展中国式现代化。党的二十大报告系统阐述了中国式现代化的五大特征，即中国式现代化是人口规模巨大的现代化，是全体人民共同富裕的现代化，是物质文明和精神文明相协调的现代化，是人与自然和谐共生的现代化，是走和平发展道路的现代化。中国式现代化的五大特征，反映出我们的现代化新征程是基于大国经济，按照中国特色社会主义制度的本质要求，实现长期全面、绿色可持续、和平共赢的现代化。此外，党的二十大报告提出了中国式现代化的九方面本质要求，即坚持中国共产党领导，坚持中国特色社会主义，实现高质量发展，发展全过程人民民主，丰富人民精神世界，实现全体人民共同富裕，促进人与自然和谐共生，推动构建人类命运共同体，创造人类文明新形态。这既是我们走好现代化新征程的实践要求，也为我们指明了走好现代化新征程的领导力量、实践路径和目标责任，为我们准确把握中国式现代化核心要义，推动各方面工作向着复兴目标迈进提供了根本遵循。

走好现代化新征程，需要完整、准确、全面贯彻新发展理念，着力推动高质量发展，加快构建新发展格局。党的二十大报告提出，“我国发展进入战略机遇和风险挑战并存、不确定难预料因素增多的时期”。当前及今后一段时间，我国将面临“新的动荡变革”的国际大环境。新发展理念瞄准我国经济社会发展不同方面存在的突出矛盾，为筑牢经济社会发展根基提供了方向指引。要完整、准确、全面贯彻新发展理念，让创新成为第一动力、协调成为内生特点、绿色成为普遍形态、开放成为必由之路、共享成为根本目的，努力实现高质量发展。要统筹国际国内两个大局，统筹发展与安全两件大事，增强国内大循环内生动力和可靠性，提升国际循环质量和水平，增强国内国际两个市场两种资源联动效应，加快构建以国内大循环为主体、国内国际双循环相互促进的新发展格局。

走好现代化新征程，必须全面深化改革开放。改革开放为我国经济社会发展注入了强劲动力，是决定当代中国命运的关键一招。改革开放以来，我国经济社会发展水平不断提升，人民群众的生活质量不断改善，经济发展深度融入全球化体系，创造了举世瞩目的伟大成就。推进中国式现代化，必须坚持深化改革开放。党的二十大报告提出，要“深入推进改革创新”，“着力破解深层次体制机制障碍”，彰显了在现代化新征程上党和国家对全面深化改革的决心。党的十八大以来，我国进入全面深化改革阶段，改革征程上面临的多是难啃的硬骨头、棘手复杂的问题，在将经济社会发展推向新高度的同时，一系列新的时代命题应运而生。走好现代化新征程，需要全面深化改革，大力推进供给侧结构性改革，进一步优化我国经济结构，不断激发市场活力，提升经济发展的韧性、抵御外部风险的能力。对外开放是我国的基本国策，走好现代化新征程，要坚定不移扩大对外开放，提升贸易投资合作质量和水平，稳步扩大规则、规制、管理、标准等制度型开放，营造市场化、法治化、国际化一流营商环境，大力吸引全球资源要素，增强国内国际联动效应，加快构建新发展格局，以高水平开放促进高质量发展。

知之愈明，则行之愈笃。走在现代化新征程上，我们出版“现代化新征程丛书”，是为了让社会各界更好地把握当下发展机遇、面向未来开创新篇，以奋斗姿态、实干业绩助力中国式现代化开创新篇章。具体来说，主要有三个方面的考虑。

一是学习贯彻落实好党的二十大精神，为推进中国式现代化凝聚共识。党的二十大报告阐述了开辟马克思主义中国化时代化新境界、中国式现代化的中国特色和本质要求等重大问题，擘画了全面建成社会主义现代化强国的宏伟蓝图和实践路径，就未来5年党和国家事业发展制定了大政方针、作出了全面部署，是中国共产党团结带领全国各族人民夺取新时代中国特色社会主义新胜利的政治宣言和行动纲领。此套丛书，以习近平新时代中国特色社会主义思想为指导，认真对照党的二十大报告，从报告原文中找指导、从会议精神中找动力，用行动践行学习宣传贯彻党的二十大精神。

二是交流高质量发展的成功实践，为推进中国式现代化汇聚众智。来自12家智库的专家参与本套丛书的编写。本套丛书立足中国式现代化的时代特征和发展要求，直面各个地区、各个部门面对的新情况、新问题，总结借鉴国际国内现代化建设的成功经验，系统地构建了前沿产业、商业环境、发展空间、基础设施“四位一体”的发展思路。丛书内容注重实用性、可操作性，努力打造成为地方政府和企业管理层看得懂、学得会、用得了的使用指南。

三是探索未来发展新领域新赛道，为推进中国式现代化注入新动能。面对百年未有之大变局，数字化转型与绿色化转型加速推进，为我国发展带来新的战略机遇。本套丛书面向未来，深入探索未来发展新领域新赛道，系统分析前沿产业发展的新潜力，为我国发展前沿产业提供新借鉴，为推进中国式现代化注入新动能。

“现代化新征程丛书”主要面向党员领导干部、企事业单位管理层和专业研究人员等读者群体，致力于丰富读者知识素养，拓宽其眼界格局，提升其执政能力、研究能力和实践能力。在丛书编制过程中，重点坚持以下三个原则：一是坚持政治性，把坚持正确的政治方向摆在首位，坚持以党的二十大精神为行动指南，确保相关政策文件、编选编排、相关概念的准确；二是坚持前沿性，丛书选题充分体现鲜明的时代特征，面向未来发展重点领域，内容充分展现现代化新征程的新机遇、新要求、新举措；三是坚持实用性，丛书编制注重理论与实践的结合，特别是用新的理论要求指导新的实践，内容突出针对性、示范性和可操作性。

“现代化新征程丛书”按照“四位一体”架构进行设计，第一期包含十余种图书，主要涵盖四个方面：前沿产业、商业环境、发展空间、基础设施。其中，“前沿产业”主题有“未来产业”“新金融”“服务型制造”“氢能产业”“元宇宙”“扎根实体经济”“制造新模式”；“商业环境”主题有“优化营商环境”；“发展空间”主题有“未来社区”“新型工业化基地”“先进制造业集群”；“基础设施”主题有“新基建”；此外，丛书编委会根据前期调研，撰写了“高质量发展典型案例”。

相知无远近，万里尚为邻。我们希望通过此套丛书，加强智库与智库、智库与传播之间协作，促进智库研究机构与智库传播机构的高水平联动，构建智库型出版产业体系和生态系统，实现“智库引领、出版引路、路径引导”，共同助力高质量发展，为全面建成社会主义现代化强国、实现第二个百年奋斗目标作出积极贡献！

隆国强

国务院发展研究中心副主任、党组成员

2023 年 1 月

序　言

党的二十大报告提出，“完善产权保护、市场准入、公平竞争、社会信用等市场经济基础制度，优化营商环境”，“营造市场化、法治化、国际化一流营商环境”。我国正迈上全面建设社会主义现代化国家新征程，高质量发展是全面建设社会主义现代化国家的首要任务，一流营商环境是支撑高质量发展的沃土。在新征程上，我们要以习近平新时代中国特色社会主义思想为指导，把营造一流营商环境作为实现高质量发展、推进中国式现代化的重要基础和关键一环。

一、党领导下的中国之治是一流营商环境的根基

政局稳定、社会安宁、经济繁荣是最大的营商环境。中华人民共和国成立特别是改革开放以来，党领导人民创造了世所罕见的经济快速发展和社会长期稳定两大奇迹，为人民安居乐业创造了良好环境，为企业投资兴业提供了优质土壤。党的十八大以来，党中央统筹推进“五位一体”总体布局、协调推进“四个全面”战略布局，贯彻实施新发展理念，着力推进高质量发展，推动构建新发展格局，让人民和企业的发展舞台更加广阔。10 年来，我国全面建成小康社会，经济实力持续增强，人民生活更加殷实，并保持了经济和社会长期持续向好的发展势头。事实表明，始终坚持党的领导是社会稳定、经济繁荣最根本的保障和关键

所在，是中国特色社会主义制度的最大优势，也是一流营商环境的根基。

优化营商环境是党中央根据新形势新发展新要求作出的重大决策。过去10年，围绕营造市场化、法治化、国际化营商环境，党中央作出一系列重大部署，出台一系列重大举措。各地各部门按照党中央部署，紧紧围绕市场主体需求，因地制宜、改革创新，政府履职理念、能力、行为及规则等都发生了重大转变，市场活力和社会创造力得到了极大释放，各类市场主体快速发展壮大，并促进了就业增加、税基扩大、产业结构优化和经济循环畅通，营商环境的国际竞争力和影响力大幅提升，为统筹应对各种外部冲击、稳住宏观经济大盘、保持经济持续向好提供了强大支撑。

党的二十大报告科学描绘了全面建设社会主义现代化国家的宏伟蓝图，进一步明确了全面建成社会主义现代化强国战略安排和总体目标要求，全面部署了未来5年及更长时间的大政方针和重大举措。在百年未有之大变局加速演进、国际局势加剧动荡的当今，党的二十大报告让全世界“在全球市场的不确定性中看到了中国市场的确定性”，看到了中国不可逆转的发展进程，也让我国营造一流营商环境的根基更加坚实。

二、完善市场经济基础制度，筑牢一流营商环境的“四梁八柱”

产权保护、市场准入、公平竞争、社会信用等是市场经济基础制度，是让市场在资源配置中发挥决定性作用、更好发挥政府作用的基础保障，也是营商环境的“四梁八柱”。营造一流营商环境，必须持续完善市场经济基础制度。

完善以公平为核心原则的产权保护制度，是稳定社会预期、激发社会创造力的根本所在。要进一步健全归属清晰、权责明确、保护严格、流转顺畅的现代产权制度，加强对各种所有制经济组织和自然人财产权的依法平等保护。建立健全由党委牵头，人大、政府、司法机关共同参加的产权保护协调机制，规范涉企特别是涉民营企业、企业家的经济案件司法执法行为，严格依法纠正侵犯企业合法权益的违法或不当行政行为。进一步细化知识产权侵权案件惩罚性赔偿制度适用条件，完善跨区域维权援助协作机制，建立涉外知识产权争议案件诉调对接机制，更加公平公正地保护各类所有制企业的知识产权。

宽松有序、便捷高效的准入制度是激发市场活力的重要举措。要科学合理地为资本设置好“红绿灯”，持续压减市场准入负面清单事项，大力放宽服务消费领域市场准入。加大统筹协调和制度建设，稳步深化证照分离的“四扇门”改革。加强对“一业一证”“一照多址”“歇业关闭”等新服务的配套法律和政策供给，让新服务能够扎实推广开来。建立健全工作机制，持续破除地方保护、变相审批、隐性行政垄断等各种准入壁垒。进一步放开新业态、新模式的市场准入，同时堵住监管漏洞，推动“三新”经济更好更快发展。在更大范围内简化市场主体退出机制，健全企业破产和自然人破产制度，提升市场主体的资源配置效率。

公平竞争是高标准市场体系的客观要求。要进一步落实和强化竞争政策的基础性地位，加强利用公平竞争审查、反不正当竞争和反垄断执法等工具，持续推进各类所有制企业公平竞争。加强公平竞争审查刚性约束，凡涉及市场主体经济活动的规章、规范性文件及“一事一议”等形式的具体政策措施，均要纳入公平竞争审查范围，优化审查方式，丰富审查工具和方法，提升审查的专业化和精细化水平。着重查处群众反映强烈的不公平竞争现象，进一步深化自然垄断行业改革，加强平台经济领域反垄断和反不正当竞争执法。持续清理有违不同所有制企业公平竞争的障碍，坚持对各类市场主体一视同仁、平等对待，让更多不同所有制企业共同参与构建新发展格局。

完善的信用体系是社会主义市场经济健康发展的基本保障。要科学界定信用信息范围和程序，规范信用信息共享公开范围和程序，规范严重失信主体名单认定标准，依法依规开展失信惩戒。着力提升信用信息化建设水平，形成全面覆盖各地区各部门、各类市场主体的信用信息“一张网”。建立以信用为基础的新型监管机制，对守法诚信的企业“无事不扰”，对违法失信的企业加强监管。更加重视政务诚信建设，树立诚信守诺、违约赔偿的理念，在招商引资、引进人才、政府采购、政府与社会资本合作中，加强前置合法性审查，积极处理因政策变化、规划调整等因素带来的历史遗留问题，对行政机关不作为、乱作为等涉企行政诉讼和民事诉讼，及时作出公正裁决。

三、着力推动市场化、法治化、国际化一流营商环境不断上台阶

“营商环境是企业生存发展的土壤”，是坚持创新驱动、建设现代化经济体系、推进高水平对外开放的基础工程。在党中央的统一部署和大力推动下，优化营商环境已经成为各地打造制度高地、顶住经济下行压力、实现经济高质量发展的共同行动。“营商环境只有更好，没有最好。”在新征程上，营造一流营商环境，必须着力推动市场化、法治化、国际化水平不断上台阶。

坚持市场化方向，遵循社会主义市场经济规律，紧紧围绕市场主体的关切和期盼，大力破除各种体制机制障碍。完善市场经济基础制度，推进土地、劳动力、资本、技术、数据等要素市场化改革，改善提升市场环境和质量，完善现代化市场监管机制，加快全国统一大市场和高标准市场体系建设。进一步规范政府收费，完善水电气暖网等公共产品价格形成机制，加大涉企收费清理力度，持续降低各类制度性交易成本。提高

政务服务效率，完善就业服务体系，增强创新服务能力，强化公用服务领域改革，为市场主体创新发展提供更多优质的公共产品、技术和服务。

“法治是最好的营商环境”，要始终把建立以法治为基础，稳定、公开、透明、可预期的制度体系，作为一流营商环境的重要目标。加快推进法治政府建设，依法规范政府行为。持续推动《优化营商环境条例》落实，完善配套法规政策体系，充分发挥其法治引领、规范和保障作用。推进相关法律法规“立改废释”工作，加快制定重点领域、新兴领域、涉外服务监管急需的法律法规。增强监管执法透明度，权责清单、执法结果向社会公开，接受监督。不断完善政策制定实施机制，加强政策预期管理和引导，重大涉企政策要充分听取相关企业意见，及时了解和回应企业诉求。

对标对接国际通行经贸规则，是营造一流营商环境、塑造国际竞争新优势的关键之举，也是我国推进高水平对外开放的重要路径和实践。未来我国仍将继续坚持向全球最佳水平看齐，加强对接国际通行经贸规则，稳步推进内外贸法律法规、监管体制、经营资质、质量标准、检验检疫、认证认可等相衔接。持续完善外商投资准入前国民待遇加负面清单管理制度，进一步缩减外商投资准入负面清单，有序扩大金融、医疗、教育、体育等领域的市场开放。不断健全外商投资促进和服务体系，提升外资企业服务水平。推动中国经验走出去，为全球营商环境改善提供更多中国智慧。

袁东明

国务院发展研究中心企业研究所所长、研究员

2023 年 1 月

目 录

第一章 党的十八大以来我国优化营商环境的成效与经验 ······ 1

一、"放管服"改革和优化营商环境，培育和壮大了市场主体 ···· 2
二、市场主体不断壮大，增强了经济发展韧性和内生动力 ········ 5
三、"放管服"改革和优化营商环境，完善了社会主义市场经济体制 ······ 8
四、"放管服"改革和优化营商环境的主要经验 ······ 11

第二章 立足新发展阶段持续优化营商环境 ······ 17

一、纵深推进"放管服"改革，持续优化营商环境 ······ 18
二、不断完善和夯实市场主体高质量发展的制度基础 ······ 24
三、推动优化营商环境工作更加精准高效地服务于市场主体 ······ 28

第三章 优化营商环境支撑高质量发展 ······ 31

一、大力优化营商环境，全方位降低制度性成本 ······ 32

二、营商环境仍需要进一步优化 …… 35
三、优化营商环境支撑高质量发展的政策建议 …… 38

第四章　持续推进不动产登记改革 …… 43

一、不动产登记改革的典型经验 …… 45
二、不动产登记改革的主要问题及其原因 …… 46
三、推进不动产登记改革的政策建议 …… 50

第五章　加快市政公用报装便利化改革 …… 53

一、市政公用报装手续繁、时间长、费用高等问题突出 …… 54
二、市政公用报装的主要问题及其原因 …… 56
三、加快市政公用报装便利化改革的政策建议 …… 59

第六章　深化工程建设项目“多测合一”改革 …… 63

一、“多测合一”改革进展和成效 …… 64
二、“多测合一”改革的主要问题及其原因 …… 69
三、“多测合一”改革的政策建议 …… 71

第七章　数字政府建设应树立“数据只提供一次”原则 …… 75

一、为什么应树立“数据只提供一次”原则 …… 76

二、“数据只提供一次”的主要障碍 …… 77
三、爱沙尼亚“数据只提供一次”的国际经验 …… 80
四、加快推进数字政府建设的政策建议 …… 82

第八章 利用政府采购促进中小企业发展 …… 85

一、进一步落实政府采购中对中小企业的优惠 …… 86
二、简化中小企业参与政府采购的交易手续 …… 89
三、为中小企业履约提供资金支持和权益保护 …… 91

第九章 完善个体工商户扶助政策 …… 95

一、个体工商户基本享受不到社会保险扶助政策 …… 96
二、个体工商户所得税减免相对较少、缴纳相对较高 …… 98
三、个体工商户融资难、融资贵的问题突出 …… 100
四、多管齐下提升个体工商户扶助政策效果 …… 101

第十章 制订营商环境专项计划 提振外资制造企业投资信心 …… 105

一、外资制造企业对营商环境的总体看法 …… 106
二、当前外资制造企业对营商环境的主要诉求 …… 108
三、建议制订营商环境专项计划 …… 111

第十一章　深化工程项目招投标领域改革 …………………… 113

一、工程项目招投标领域改革空间依然较大 ………………… 114
二、工程项目招投标领域的主要问题及其原因 ……………… 123
三、深化工程项目招投标领域改革的政策建议 ……………… 124

第十二章　规范海运口岸集装箱使用环节收费 ……………… 127

一、规范集装箱使用环节收费有利于跨境贸易便利化 ……… 128
二、集装箱使用环节收费存在较大的优化空间 ……………… 131
三、规范集装箱使用环节收费的政策建议 …………………… 133

第十三章　着力破除各种隐性准入壁垒 ……………………… 137

一、企业反映的几类隐性准入壁垒 …………………………… 138
二、存在隐性准入壁垒的深层次原因 ………………………… 142
三、破除各种隐性准入壁垒的政策建议 ……………………… 143

第十四章　强化公平竞争审查制度刚性是优先事项 ……… 147

一、公平竞争审查制度基本建立，审查清理陆续展开 ……… 148
二、审查存在标准难把握、程序不规范等问题 ……………… 153
三、公平竞争审查制度距离预期仍有差距 …………………… 155
四、要增强制度刚性，健全规则，提升审查能力 …………… 156

第十五章 优化营商环境需要关注各地企业补贴的公平性 ······ 159

一、各地企业补贴名目繁多、区域差异较大 ······ 160
二、应关注地方企业补贴过多带来的不利影响 ······ 163
三、建议对各地企业补贴行为进行分类引导 ······ 164

第十六章 健全大企业拖欠中小企业账款的治理机制 ······ 165

一、大企业拖欠中小企业账款的治理机制尚不完善 ······ 167
二、日本治理大企业拖欠中小企业账款的国际经验 ······ 169
三、完善我国治理大企业拖欠长效机制的政策建议 ······ 175

第十七章 推进我国营商环境法治化建设的建议 ······ 179

一、完善法律体系，使营商环境法治化有法可依 ······ 180
二、以“三张清单”为基础，全面提升执法能力 ······ 182
三、坚守司法公平底线，完善法律援助和信用体系 ······ 183
四、完善民营企业内外法律风险防范制度 ······ 185

第十八章 以数字技术赋能一流营商环境建设 ······ 187

一、注重数字技术应用是世界银行新一版营商环境评估体系的亮点 ······ 188
二、我国优化营商环境，在线政务水平大幅提升 ······ 199

三、我国在数字技术应用方面还面临多重挑战 ······ 202
四、深入应用数字技术建设一流营商环境的建议 ······ 204

第十九章　评估数字营商环境的国际框架 ······ 209

一、数字营商环境受到国际组织关注 ······ 210
二、国际评价体系中的数字营商环境内涵 ······ 213
三、开展数字营商环境评估背后的政策指向 ······ 217
四、加快构建我国数字营商环境评估体系 ······ 220

第二十章　优化数字经济营商环境的重点方向与改革任务 ······ 223

一、加快数字基础设施建设 ······ 224
二、提高市场准入便利性 ······ 226
三、建立公平竞争的市场秩序 ······ 229
四、加强网络安全与用户权益保护 ······ 232
五、提升政府监管与服务能力 ······ 234

第一章

党的十八大以来我国优化营商环境的成效与经验

深化简政放权、放管结合、优化服务改革（简称“放管服”改革），优化营商环境是落实党的十八届三中全会决议的重大举措，是全面深化改革特别是经济体制改革、行政体制改革的重要任务，是转变政府职能、处理好政府和市场关系的关键抓手，既遵循了构建高水平社会主义市场经济体制的目标，又加快完善了社会主义市场经济体制。党的十八大以来，我国紧紧围绕培育和壮大市场主体，持续深化“放管服”改革、优化营商环境，市场活力和社会创造力得到极大释放，促进了就业增加、效益提升、科技创新和均衡发展，增强了经济发展韧性与内生动力。

一、“放管服”改革和优化营商环境，培育和壮大了市场主体

党中央、国务院深入推进“放管服”改革，大力优化营商环境，创新创业活力空前释放，市场主体规模屡创新高，市场主体构成持续优化，市场主体实力和竞争力不断增强。

（一）市场主体规模快速扩大

过去10年，我国持续深化商事制度、投资审批等重大改革，着力

降低市场准入门槛，大幅压减审批事项，下放审批权限，缩短审批链条，市场主体规模快速扩大。一是全国实有市场主体总量大幅增长。国家市场监管总局数据显示，截至 2022 年 9 月底，我国登记在册市场主体达 1.64 亿户，是 2012 年的近 3 倍，10 年净增超 1 亿户，这是全球经济发展史上罕见的跨越式发展。10 年间，我国企业从 1300 多万户增加至 5100 多万户，每千人拥有企业数量达 36.1 户，是 2012 年的 3.8 倍，超大规模内需市场为市场主体增长带来源头活水。二是新设市场主体数量屡创新高。2021 年全国新设市场主体 2887.2 万户，日均 7.9 万户，是 2012 年的 3 倍。其中，新登记企业 904 万户，新登记个体工商户 1970.1 万户，分别是 2012 年的 4.6 倍、2.7 倍。三是我国企业数量增速显著高于全球主要国家。经济合作与发展组织（OECD）数据显示，以 2007 年为基准（企业数量设为 100），到 2019 年底，俄罗斯、美国企业数量分别增长 92.62%、16.10%；到 2020 年底，德国、意大利、日本企业数量均明显下滑，分别下降 26.58%、29.57% 和 25.82%。同期，我国企业数量大幅增长 349.33%，凸显出我国持续优化营商环境的显著成效（见图 1-1）。

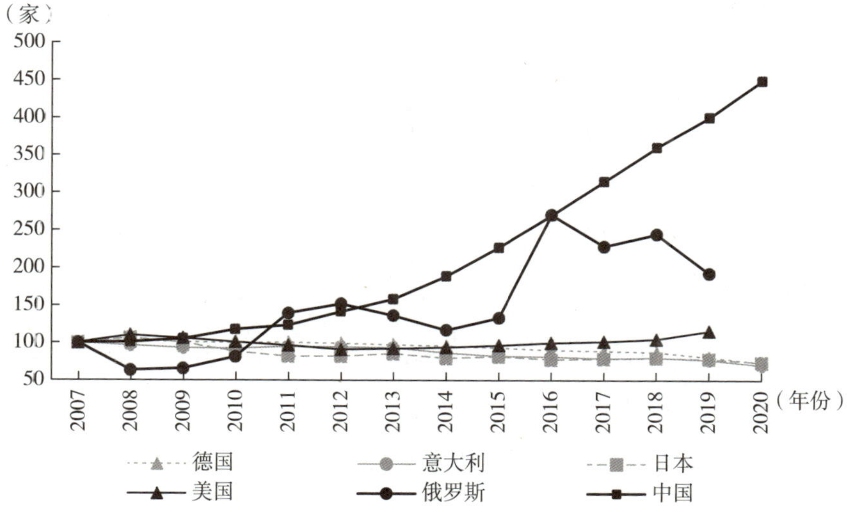

图 1-1 2007—2020 年全球部分国家企业数量变化情况

资料来源：经济合作与发展组织。

（二）市场主体构成不断优化

我国坚持“两个毫不动摇”的基本经济制度，依法平等保护各种所有制企业合法权益，纵深推进大众创业、万众创新，推动市场主体特别是各类中小企业走创新驱动发展道路，市场主体构成不断优化。一是企业法人占比明显提高。国家市场监管总局数据显示，截至 2022 年底，全国实有企业 5300 万户，占全部市场主体的 32.3%，较“十二五”末提高 4 个百分点。新设外商投资企业数量持续创新高，2021 年全国新设外商投资企业 6.1 万家，日均新设 167 家。二是科技型企业数量快速增加。科技部数据显示，10 年前全国高新技术企业数量仅 4.9 万家，到 2021 年底已经达到 33 万家，科技型中小企业有 59.5 万家。三是新经济领域市场主体展现出强大的韧性活力。国家统计局数据显示，2015—2021 年我国经济发展新动能指数从 119.6 快速提高到 598.8。《福布斯》发布的 2022 年全球数字经济百强企业榜单中，中国企业有 16 家，数量位列全球第二。新经济领域市场主体活力旺盛，为我国经济高质量发展提供了强大支撑。

（三）市场主体实力和竞争力持续增强

在为市场主体松绑减负、增添活力的同时，我国着力破除各种束缚创新创业的条条框框，持续完善创新生态，市场主体实力和竞争力持续增强。一是行业龙头企业实力稳步提升。上市公司作为市场主体中最具竞争力的部分，总量规模不断扩大，上市公司协会数据显示，从 2012 年的不到 2500 家，扩大到 2022 年的 4900 多家（境内上市）。二是涉税主体规模显著提升。国家税务总局数据显示，从 2013 年到 2021 年底全国新办涉税市场主体累计达9315万户，年均增加逾千万户。其中，年销售额500万元以上的大中型涉税市场主体数量从2016年初的601万户增长到2021年的1326万户，年均增长17.1%。三是企业创新能力明显增强。从专利授权情况看，截至2022年8月底，全国拥有专利的企业有113.3万户，授权专利共1551.2万件，分别是2012年的7.4倍和9.7倍。授权专利主要集中在制造业、科学研究和技术服务业，占比分别达52.5%和21.3%。

二、市场主体不断壮大，增强了经济发展韧性和内生动力

持续优化营商环境推动市场主体快速发展，不断壮大的市场主体巩固了国民经济基本盘，有力地增强了经济发展韧性与内生动力。

（一）扩大就业规模，支撑就业市场稳定

市场主体是就业的主要载体。党的十八大以来，新设市场主体数量快速增长，成为稳定和扩大就业规模的重要保障。一是新设市场主体就业吸纳能力强。国家税务总局数据显示，以“十三五”时期为例，全国新设涉税市场主体2020年底在岗从业人员为1.99亿人，占同期全国涉税市场主体就业总人数的58%，提供了大量就业岗位。二是新设市场主体吸纳就业效率高。“十三五”时期，累计新设市场主体数量最多的前10位大类行业主要为零售业、批发业、餐饮业、商务服务业等，均

是就业吸纳较强、就业门槛相对较低的行业，国家市场监管总局数据显示，合计就业人数占全部97个大类行业的37%。三是新设市场主体存续时间长。截至2020年，存续的“十三五”期间新设市场主体数量占5年累计新设数量的80.9%，在创业两年内注销的比例从2018年的12.4%下降到2020年的9.9%，有力地促进了就业稳定。

（二）推动经济效益提升，增强企业活力和政府财力

营业收入、利润和税收等效益的持续稳定增长，是企业投资扩产的基本前提，也是增强国民经济内生动力的重要保障。国家市场监管总局数据显示，“十三五”期间，我国新设市场主体的户均年销售额年均增速为3.6%，比全部市场主体年均增速高1个百分点。新设市场主体户均利润2018年为1.1万元，2019年大幅提高到2.1万元。市场主体的壮大也直接带来税基扩大和税收增长。“十三五”期间新设市场主体在2020年的纳税额约占全国市场主体总纳税额的19%，新设市场主体在2019年和2020年的总纳税额分别为2.26万亿元和2.56万亿元，均相当于当年新增减税降费金额的95%以上。到2021年，全国新办且发生过涉税行为的市场主体1326万户，同比增长15.9%，两年平均增长12.9%，基本填补了减税降费产生的收入缺口，成为政府财力的重要支撑力量。

（三）促进创新能力提升，形成崇尚创新的发展环境

市场主体直接面向需求、竞争激烈、反应敏锐，是最具活力、最有效的创新元素。在一系列创新政策引导下，市场主体特别是新设市场主体表现出较强创新活力。一是新设市场主体更倾向于进入专业性强、技

术要求高的行业。国家市场监管总局数据显示，党的十八大以来，全国新设新技术、新产业、新业态、新模式企业2545.4万户，占全国新设企业的41.7%，并且呈逐年上升态势。2022年上半年，新设“四新经济”企业229.7万户，占新设企业总量的54.2%。二是新设市场主体更愿意进行研发投入。2016—2019年新设的市场主体，2019年的利润占全部市场主体利润的4.7%，但研发费用占全部市场主体研发费用的13%。三是数字经济企业增速抢眼。2022年上半年新设数字经济核心产业企业60.4万户，同比增长20%；截至2022年6月底，全国登记在册数字核心产业企业达509.5万户，占全部企业的10.1%，这些新设企业更有“创新基因”，也更依赖于利用持续创新推动企业发展壮大。

（四）促进“短板部位”加快成长，推动经济发展更加均衡

市场主体是牵引带动地区、产业等结构调整的微观基础，新设市场主体既是未来结构变化的先行力量，也是政策效果的具体体现。近年来，一些“短板部位”的市场主体成长较快，推动经济发展更加均衡可持续。比如，制造业门槛高、投资大、回报周期长，企业新进入意愿一直比较低，但制造业企业存续年限为8.8年，比服务业企业长3.5年，户均就业数为10.7人，比服务业多7.3人，保持制造业规模对维护经济平稳运行和增强市场韧性具有重大意义。国家市场监管总局数据显示，近年来制造业的新设市场主体明显增多，制造业当年新设市场主体数量占全部行业的比例从2016年的4.6%提高到2020年的6.1%，特别是医药、机械设备等先进制造业增长更快。截至2022年8月底，我国第二产业登记在册企业1027.1万户，占20.1%。从地区看，西部地区新设市场主体更多。西部地区新设市场主体数量占全国的比重从2016年的24.5%稳步增加到

2020年的25.4%，高于5年间西部地区平均20.1%的GDP占比水平，新设市场主体销售额占全国的比重也从15.3%提高到17.3%。

优化营商环境也促进了存量市场主体竞争力的增强，对经济稳定发展的支撑更加坚实。一是存量市场主体单体规模扩大。国家市场监管总局数据显示，年销售额500万元以上的大中型存量市场主体数量从2016年初的495万户增长到2020年的602万户。2021年底，全国增值税一般纳税人（年应税销售额500万元以上的纳税人）达1238.1万户，较2020年底增加110.9万户。二是支撑经济发展效率更高。“十三五”期间，存量企业户均年销售额从308万元增长到691万元，户均利润增长了2.24倍。增值税发票数据显示，2021年全国企业销售收入同比增长21.1%，2020—2021年平均增长14.2%。总体上看，单个存量企业在许多维度上都变得更强，推动经济发展的效率也更高。三是发展潜力持续积累释放。存量市场主体是推动技术进步、提高经济增长潜力的主要力量，“十三五”期间存量市场主体累计申报研发投入近7万亿元，比“十二五”时期增长了2.5倍，持续有力地推动了技术升级。

三、“放管服”改革和优化营商环境，完善了社会主义市场经济体制

深化“放管服”改革、优化营商环境遵循和强化了市场化改革的逻辑，从政府入手，为市场主体松绑减负，积极营造公平竞争、优胜劣汰的市场环境，市场活力和社会创造力才得以极大释放，市场主体才得以发展壮大。

（一）深化简政放权，重塑政府和市场的关系，有力地推动了社会主义市场化改革

社会主义市场经济体制改革本质上是改革政府与市场的关系。党的十八大以来，我国把进一步简政放权作为深化经济体制改革、行政体制改革的“先手棋”，从体制机制入手，还权于市场，放权于企业，切实解决市场主体创业门槛多、经营负担重等问题。坚持职权法定，“法无授权不可为”，推动各级政府建立起“权力清单”“责任清单”，从源头上防止政府“有形之手”反弹、伸得太长。坚持简政之道，削减行政审批事项 1/3 以上，非行政许可审批退出历史舞台，对“兴办企业”大力推行“证照分离”“照后减证”，对“产品生产”大幅压减工业产品生产许可证，对“企业投资”积极实施项目备案制、承诺制，对“从业资格”不断取消水平评价类职业资格，对“办事证明”持续开展减证便民行动，取消、简化一大批不必要的证明和烦琐手续，大大减少了企业和群众的奔波之苦。坚持“放水养鱼”，大力推进减税降费，不断清理规范涉企收费，取消、停征、减免一大批行政事业性收费和政府性基金，推动降低企业用能、用地、用网、物流等各类成本，多措并举减轻中小微企业综合融资成本，让市场主体轻装上阵。简政放权“牵一发而动全身”，深刻重塑了政府和市场的关系，有力地推动了社会主义市场化改革。

（二）强化放管并重，推动有效市场和有为政府更好结合，迈出了建设高标准市场体系的坚实步伐

我国持续深化行政体制改革，逐步将行政资源从事前审批中解放

出来，转向全周期、全链条的事中事后监管等。党的十八大以来，我国坚持“放管并重”“放管结合”，把有效监管作为简政放权的必要保障，加快夯实基础性制度，着力形成新型监管机制，有力弥补市场失灵。在投资准入上，全面落实外商投资法和相关配套法规，持续压减《市场准入负面清单》《外商投资准入特别管理措施（负面清单）》，确保对内对外资企业在政策上一视同仁。在要素平等使用上，坚持“两个毫不动摇”，依法查处侵害市场主体合法权益行为，出台《优化营商环境条例》，以法治化手段保障各类市场主体依法平等使用各类生产要素和公共服务资源。在公平竞争上，建立公平竞争审查制度，从源头上防止出台排除、限制竞争的政策措施，逐步清理废除妨碍全国统一市场建设和公平竞争的规定和做法。在公正监管上，重点是改革监管方式，基本形成了以“双随机、一公开”监管为基本手段、以重点监管为补充、以信用监管为基础的新型监管机制，新业态实行包容审慎监管，呵护了新经济蓬勃发展。“放管结合”促进了“严进宽管”向“宽进严管”的重大转变，推动了有效市场和有为政府更好地结合，在提升政府经济治理能力、建设高标准市场体系上迈出了坚实步伐。

（三）着力优化服务，为市场主体提供公平可及、优质高效服务，推动了服务型政府建设不断上台阶

优化政务服务，健全社会保障，是改革完善社会主义市场经济体制的重要内容。党的十八大以来，我国着力优化服务，大力推动政府服务意识转变、能力建设和水平提升，持续推进服务型政府建设。通过政务服务标准化建设，推进“互联网＋政务”和政务大厅建设，努力实现政务服务“码上办”“就近办”“一次办”，政务服务便利化水平不断提升。

通过跨地区、跨部门、跨层级信息数据的开放共享，建设“24小时不打烊政府”，变群众跑腿为数据跑路、政府协同，实现政务服务“一网通办”，政务服务效率大幅提高。通过实施公共服务目录清单管理，优化水电气热等公共服务办事流程，压环节、减材料、降成本，公共服务效率和质量持续提升。通过简化社保参保、转移接续等手续，扩大养老、医疗、失业等保险覆盖面，将基本民生保障政策及时覆盖所有困难群众，社会保障“安全网”更加结实细密。这一系列优化服务的改革，推动了政府服务理念、流程、手段的全方位变革，政府服务能力和水平全面提升，社会公共服务更加便捷高效、公平可及，服务型政府建设不断上台阶。

四、“放管服”改革和优化营商环境的主要经验

我国“放管服”改革和优化营商环境取得重大成效，得益于党的十八大以来以习近平同志为核心的党中央坚强领导，得益于党和政府坚定不移全面深化改革开放，得益于各地方各部门聚焦市场主体所需所盼，持续不懈攻坚克难、一以贯之开拓创新。

（一）坚持以建设高水平社会主义市场经济体制为标准，正确处理政府和市场的关系

优化营商环境是市场主体视角下的经济体制改革，是构建高水平社会主义市场经济体制的重要途径。党的十八大以来，党中央推进全面深化改革，明确提出“充分发挥市场在资源配置中的决定性作用，更好

发挥政府作用，推动有效市场和有为政府更好结合”，“放管服”改革和优化营商环境始终以此为遵循，持续推进政府改革，为市场在资源配置上发挥决定性作用创造条件。建立社会主义市场经济体制，本质上要求重塑政府与市场的关系，行政审批制度改革是突破口，从简政放权出发，通过加强监管、优化服务，合理划定政府与市场、社会和企业的边界，进而全面推行清单管理制度，包括权力清单、责任清单、负面清单，实现了对政府权力的有效规范和制约。“放管服”改革和优化营商环境紧紧围绕建设高标准市场体系的要求，强化竞争政策的基础地位，持续完善公平竞争制度，充分弥补市场不足，三管齐下、综合施策，既放出了活力，又管出了公平、服出了质量。

（二）坚持以市场主体所需所盼为出发点，着力激发市场活力和社会创造力

营商环境是市场主体培育和壮大的土壤，优化营商环境就是要为市场主体厚植土壤。我国“放管服”改革和优化营商环境紧紧围绕市场主体所需所盼，坚持从痛点、难点、堵点出发，着力为市场主体松绑放权、减负赋能。松绑放权方面，深入推进行政审批制度改革，大幅削减行政审批事项，其中国务院部门行政审批事项削减近 50%，工业产品生产许可证审批压减近 90%；不断深化商事制度改革，全面实施“证照分离”，减环节、优流程，让企业早开业早经营；全面开展工程建设项目审批制度改革，推动流程优化和标准化，实现全国工程建设项目审批“四统一”。减负赋能方面，全面实施增值税改革，持续推进减税降费政策，积极引导银行加大信贷支持力度，2013 年以来累计取消停征减免中央和省级政府行政事业性收费超过 1000 项，“十三五”期间新增减

税降费累计超过7.6万亿元。一系列重大政策举措，有效降低了市场主体制度性交易成本和生产经营成本。

（三）坚持宏观政策与“放管服”改革相结合，确保宏观调控和纾困政策直达市场主体、精准高效

以市场主体为中心配置宏观政策是我国经济工作的一次重大变革。“放管服”改革推进以来，党中央围绕市场主体精准配置和实施财政、货币、就业等宏观政策，创设了一系列财政资金直达、货币政策直达、普惠金融等政策工具，使各项政策直接滴灌到各类市场主体的“根”上，最大范围惠及各类市场主体。特别是2020年以来，党中央坚持助企纾困和激发经济活力并举，及时推行精准宏观调控，如建立中央新增财政资金直达机制，大幅减少中间环节；设立专项再贷款资金，支持金融机构向重点企业提供优惠利率贷款；设立融资担保基金扶持小微企业、“三农”和创业创新；阶段性减免企业社保费；大力度推进减税降费、减租降息；破除影响就业特别是新就业形态的各种不合理限制；等等。各地方纷纷打造市场主体政策服务平台，将国家和地方的系列政策措施及时、精准推送给市场主体。在上下通力合作下，大量中小微企业和个体工商户渡过了难关，实现了宏观经济的稳定增长。

（四）坚持以法治建设为重要着力点，打造公开、稳定、透明、可预期的制度体系

“法治是最好的营商环境”，是改善营商环境的基本手段，也是市场主体的安全感之源。我国始终把建立以法治为基础，稳定、公开、透

明、可预期的制度体系，作为“放管服”改革和优化营商环境的重要目标，把法治政府建设作为全面依法治国的重点任务和主体工程。各地方各部门凝心聚力、相互借鉴、推陈出新，涌现出了一大批实践证明行之有效的创新举措。党中央、国务院及时总结经验做法，颁布了《优化营商环境条例》《中华人民共和国外商投资法》《保障中小企业款项支付条例》《国务院关于在线政务服务的若干规定》《中华人民共和国市场主体登记管理条例》等基础性法规。与此同时，各地方各部门“立改废释”工作及时跟进，累计修订废止不符合规定的法规、规章、规范性文件1000多份，各省（区、市）及部分地市制定或修订出台了本地《优化营商环境条例》或制定了落实《优化营商环境条例》的办法。优化营商环境法规政策体系加快完善，为深化“放管服”改革和优化营商环境提供了法治保障。

（五）坚持充分利用数字技术赋能，持续提升政府治理能力现代化水平

政府行政效能和社会治理能力提升是优化营商环境的重要体现。“放管服”改革以来，各地方充分运用大数据、云计算、人工智能等新一代数字技术，积极推进政务数据共享互通，以数字技术赋能提升政府治理能力，营商环境实现了“质”的飞跃。各地方大力推进政务服务事项“一网通办”“掌上就办”“跨省通办”等举措，变“人员跑”为“数据跑”，办事服务数字化普遍实现。各地方通过“企业码”“政策计算器”等数字化手段，变“企业找政策”为“政策主动匹配企业”。按照统一的共享交换数据标准和技术规范，初步建成了全国一体化“互联网+监管”系统，各地方结合地方实际，创新实施一网统管、城市大脑、智

慧监管等手段，监管执法数字化全力实施。强大的数字化能力提高了政务服务效率，有力地增强了市场主体的获得感。2022 年联合国电子政务排名我国列第 43 位，其中在线服务指数跃升至第 13 位，处于全球领先梯队。

（六）坚持国际规则与国内实际相结合，加快推进高水平制度型开放

对标国际先进水平优化营商环境，是我国实现高水平制度型开放的重要路径。始终坚持向全球最佳水平看齐，以更加开放的态度引进国际通行规则，将优化营商环境作为加快推进规则、规制、管理、标准等制度型开放的重要实践。积极对接世界银行营商环境评估工作，围绕开办企业、财产登记、获得电力、纳税、跨境贸易、办理施工许可等指标，推出一揽子有针对性的改革措施，以评促改、以评促优，持续提高了我国营商环境的国际排名。深入学习各国优化营商环境的最佳实践和国际规则，将诸多先进经验借鉴吸收进了《中华人民共和国民法典》《中华人民共和国外商投资法》《优化营商环境条例》等法律法规中。经过持续多年"放管服"改革和优化营商环境的努力，我国已形成了国际规则引进来、中国经验走出去的格局，2020 年世界银行专门发布了《中国优化营商环境的成功经验——改革驱动力与未来改革机遇》，为全球营商环境改善提供了中国实践。

实践表明，"放管服"改革和优化营商环境是一场从理念到体制的深刻变革，培育壮大了市场主体，增强了经济发展韧性与内生动力，加快完善了社会主义市场经济体制，也为全面深化改革开放积累了经验。我国已迈入了全面建设社会主义现代化国家的新征程，面对加快构建新

发展格局、着力推动高质量发展的总要求，需要继续将优化营商环境作为政府工作的优先事项，以构建高水平社会主义市场经济体制为目标，紧紧围绕市场主体所需所盼，全面聚焦经济运行中的痛点、堵点、难点，不断解决突出矛盾和深层次问题，持续培育和壮大市场主体，为经济发展注入更强大的韧性与内生动力。

执笔人：袁东明　马源　高太山　马骏　雷潇雨

第二章

立足新发展阶段持续优化营商环境

10年来，我国营商环境显著改善，市场主体空前壮大，市场机制更加有效，经济发展韧性与内生动力得到了显著增强。在新发展阶段，要以满足高质量发展要求和构建高水平社会主义市场经济体制为目标，重点解决营商环境中突出矛盾和深层次问题，在保持市场主体总量稳定增长的基础上，着力推动市场主体向更高质量、更具竞争力的方向发展，为经济社会发展提供更加强大的韧性与内生动力。

一、纵深推进“放管服”改革，持续优化营商环境

坚持市场化改革取向，紧扣市场主体诉求，聚焦痛点、堵点、难点，突出改革整体性、系统性和协调性，在市场主体已经壮大起来的基础上，让市场主体活起来、强起来。

（一）力行简政之道，放出更大活力、更大创造力

经过多年改革，简政放权已取得重大成效，但还存在不少老问题、新矛盾，需要进一步做细做实，为市场主体创造更加广阔的发展空间。

深化审批改革，精简审批事项。实施全国统一的市场准入负面清单

制度，赢得了市场主体充分肯定，但是清单事项仍然偏多，落实过程中限制条件多、门槛高，特别是一些服务行业，除了应有的技术条件外，往往还设置了与履职能力不相关的条件。建议全面排查梳理从中央到地方现存的审批事项、带有审批性质的管理措施，审视审批必要性，将更多事项由事前审批转为事中事后监管。精简许可事项，对确需保留的事项要细化条件、动态更新。深化“证照分离”改革，着力推进照后减证、并证，全面推广“一业一证”“一企一证”“一件事一次办”“承诺制”等有效做法，破解办证多、办证难问题。

破除隐性壁垒，推进公平准入。实践中，一些不在负面清单禁入的行业、领域和业务，存在资格资质要求高、名备案实审批、名招标实指定、“可进难盈”等问题，绑住了市场主体创新创业的手脚。要建立破除隐性准入壁垒的工作机制，收集市场主体投诉反馈，扩大隐性壁垒排查范围，分类分项设立台账，特别是要注重行政审批流程以外的各类隐性准入壁垒，深入剖析根源并从制度上破除。及时清理与负面清单不一致的法规制度及审批文件，重塑管理流程，让备案名副其实；清理先入库后招标等做法，建立以业绩、信用和履约能力为核心的投标人资格审查制度。真正实现清单之外无清单、清单之外无壁垒。

创新准入制度，壮大“四新经济”。新技术新产业、新业态、新模式发展日新月异，经济贡献持续提升，但行业准入管理跟不上市场主体的创新需求，存在规则空白、各地标准不一等问题。要顺应“四新经济”创新发展规律，坚持促进发展和监管规范两手并重，统筹好发展和安全、活力和秩序，在划清安全质量底线基础上，不简单封杀，也决不放任不管。对成熟业态，要借鉴国外和地方经验，滚动修订完善准入制度，及时堵住漏洞；对新萌发的业态，要加强监测、客观看待，给予观察期，出现问题就分门别类、针对解决，多用监管手段，慎设高准入壁垒，保护好创业创新积极性。

锲而不舍，持续降低企业经营成本。受上游成本抬升、应收账款增加、疫情灾情等多方面影响，当前一段时期稳市场主体压力不断加大，要多措并举降低市场主体经营成本。要切实做好能源、重要原材料的保供稳价工作，增强国内资源生产保障能力，打击哄抬价格等违法违规行为。动态调整涉企行政事业性收费目录清单，加大财政支持力度。推动银行更多发放普惠小微信用贷款，严厉查处收取贷款承诺费、资金管理费等行为，切实降低中小微市场主体的实际利率。加大政策性融资担保和贴息支持力度，特别是对小微企业和个体工商户的贴息支持。全面梳理各类检验检测、评审评价等中介机构收费项目，规范收费标准。继续清理乱收费、乱罚款、乱摊派、以罚代管等行为，决不能让不合理收费抵消减税降费政策效果。

完善支持机制，激发市场活力。提高市场主体活跃度要从根子上、机制上发力，着力解决影响市场主体生存和壮大的重大障碍。加快建立健全防范和化解拖欠中小企业款项问题的长效机制，持续加大清欠力度，推进《保障中小企业款项支付条例》有效落实，缓解中小微企业占款压力。健全市场主体退出机制，重点完善中小微企业简易注销制度，加快建立市场主体歇业配套管理制度的操作细则，健全企业破产和自然人破产制度，使依法破产成为企业退出的常态化方式。加快建立大中小企业融通发展机制，鼓励和引导中小企业深耕一个领域，提高科技含量、品牌影响力和在产业链中的市场地位，坚定不移走“专精特新”发展道路。

（二）秉持公正监管，促进市场主体优胜劣汰

加快构建权责明确、公平公正、公开透明、简约高效的事中事后监

管体系，提升综合监管能力、加大监管执法力度，让有竞争力的市场主体有更大的发展空间。

健全事中事后监管，增强公平性。为深入推进行政许可标准化、规范化、便利化，2022年初国务院办公厅印发《关于全面实行行政许可事项清单管理的通知》，要求到2022年底前，构建形成全国统筹、分级负责、事项统一、权责清晰的行政许可事项清单体系，编制并公布国家、省、市、县四级行政许可事项清单，将依法设定的行政许可事项全部纳入清单管理，清单之外一律不得违法实施行政许可。与此同时，要全面梳理近年来取消下放的行政许可事项，逐项明确对应的事中事后监管标准、责任主体和监管举措。创新监管方式，继续完善“一单两库一细则”，实现监管事项全覆盖，用好“双随机、一公开”机制，严格执行抽查事项清单，减少重复监管，增强监管威慑力和公平性。对于基层人员担心未抽到的市场主体出现问题后，自身可能被追责的情形，要梳理基层执行中的问题，加快研究出台进一步加强事中事后监管的指导性意见，推动各地区各部门全面落实监管责任。

完善新经济审慎监管，提高针对性。构建一套符合创新需要、分门别类、宽松适度、动态迭代的新经济监管制度，减少新经济发展的外部不确定性。在坚持守住底线的基础上，避免“削足适履”、简单套用老办法、限制创新发展活力。监管过程中，要强化反垄断、反不正当竞争，要公平竞争、公正执法，健全劳动者权益保障、消费者权益保护等制度；要督促平台企业落实主体责任，依法合规经营，切实担起商品质量、食品安全等相关责任，不断完善多方参与的治理体系。

强化重点领域监管，做到常态化。对食品、药品、疫苗、特种设备、危化品等重点领域，监管要覆盖到生产、流通、消费各个环节，强化全主体、全品种、全过程、全链条监管。强化安全生产日常监管、严格执法，有效遏制危险化学品、矿山、建筑施工、交通等领域重特大安全事故。强化市场主体责任，加大对制售假冒伪劣、侵犯知识产权等违法犯罪行为的惩处力度，健全和落实知识产权惩罚性赔偿制度，加大违法成本。

增强综合监管能力，提升精准性。丰富监管手段，增加区分度、针对性，使事中事后监管更有效能。大力推行“互联网+监管”，加快构建全国一体化在线监管平台，加强监管数据汇聚、有序共享和综合应用，推广远程监管、移动监管、预警防控等非现场监管。持续健全信用监管制度，重点针对“承诺制”推行过程中出现的虚假承诺、违规经营等行为，健全配套制度，依法依规查处，强化部门间联合惩戒。完善分级分类监管制度，推动市场监管、税收管理、进出口、节能环保、政府采购、工程建设等领域充分运用大数据技术，对市场主体“精准画像”，实施差异化监管。

加大监管执法力度，增强规范性。全面依法保护各类产权，让市场主体放心投资、安心经营、专心发展。完善行政裁量权规范要求，严格按违法行为危害性和轻重情节分档分级裁量，对轻微违法行为，列出清单，善于运用说服教育、劝导示范、行政指导等手段。对严重违法违纪、影响恶劣的市场主体，坚决清出市场，维护市场秩序。坚决杜绝“逐利执法”“钓鱼执法”“过度执法”“粗暴执法”，禁止滥用执法权乱收费来增加罚没收入。增强执法透明度，执法主体、权力清单、责任清单、自由裁量标准向社会全面公开，执法结果向社会动态公开，接受社会监督。

（三）持续优化服务，助力市场主体创新发展

提高政务服务效率，完善就业服务体系，增强创新服务能力，强化

公用服务领域改革，为市场主体创新发展提供更多优质的公共产品、技术和服务。

优化政务服务，加强标准化、便利化建设。政务服务标准不统一、线上线下协同不够、平台支撑能力不够强是各地政务服务的突出问题。下一步要加快制定推进政务服务标准化、规范化、便利化的指导性文件，为持续提升政务服务效率明确要求。推动更多事项集成办理，加快实现营业执照申办、社保卡申领、税务申报等市场主体经常办理的事项“跨省通办”。提升政务信息化共建共用水平，扩大电子证照应用领域和互通互认，推动更多事项“网上办”“掌上办”“一次办”，为特殊群体提供线下补充手段和人工指导服务。优化政务服务便民热线，健全“接诉即办”机制，更好发挥群众监督力量。

完善就业服务，稳固基本面、基本盘。铺天盖地的中小微企业、个体工商户是就业的主渠道和顶梁柱。要坚持就业优先政策，把培育和壮大市场主体规模、增强活力、提高竞争力，作为扩大就业规模、优化就业结构、提升就业质量的主战场。破除各种不合理限制，支持多渠道灵活就业和新就业形态发展，充分保障快递、外卖等平台灵活就业群体的合法权益。开展大规模、多层次职业技能培训，加强对新经济新业态的知识培训，提高就业新技能，使更多劳动人口满足经济转型升级的需求。

增强创新服务，提升专业性、普及性。技术供应短缺、创新链不完整、创新服务不足等，是市场主体创新发展中较为突出的问题。要持续完善科技创新基础设施，创新科技成果转化机制，推动科研机构更好与企业等市场主体相结合。大力开展质量基础设施“一站式”服务，形成计量、标准、认证认可、检验检测、质量管理等综合服务体系。推动专业化双创空间、创新服务平台等提升服务能力，实现对市场主体创新创业的精准支持。强化企业创新主体地位，支持产学研用联合攻关，大幅度提高企业承担重大研发任务比例。

改革公用服务，增强规范性、透明性。公用事业报装手续烦琐、服务不规范、时间长、费用高，饱受市场主体诟病。要推动各地加快“标准地”改革，从源头上解决公用事业报装“手续繁、时间长”的问题。全面实施公用事业报装全流程全覆盖改革，推进关联审批事项“一家牵头、并联办理”，清理各种“体外循环”事项。进一步明确各环节办事指南、申报材料、办理时限、收费标准等基本信息，增强报装服务公开性、透明性。持续深化公用服务领域改革，放开公用事业报装设计、施工、验收环节，允许有资质的第三方机构提供市场化服务，增强公用服务整体供给能力。

二、不断完善和夯实市场主体高质量发展的制度基础

从全局性、长期性着眼，围绕高水平社会主义市场经济体制建设，聚力推进深层次、基础性改革，完善服务市场主体高质量发展的支撑体系，应重点拓展 4 个方面的基础性工作。

（一）加强数字技术对优化营商环境的支撑

数字赋能是提升政府治理能力的有效手段，更重要的是可以推动重塑政府与市场、政府与企业的关系，使边界更加清晰。

加强公共数据开放共享和政务信息化共建共用。当前很多地方政

府不同部门之间数据不能开放共享、系统不能互联互通，很多领域还存在与上级部门、垂直管理部门之间不能互联互通的情况。要加大政务信息化建设统筹力度，加快推进全国一体化在线政务服务平台建设，加快制定公共数据资源目录和责任清单制度，提升公共数据共享交换平台功能，深化人口、法人、规划、审批、执法等公共政务信息的共享利用。以需求频次高的数据为优先项，重点推进垂直管理部门向地方政府共享、上级政府部门向下级政府部门共享，满足地方普遍性政务服务和管理需求。

充分利用数字技术提升政府治理和服务效能。市场主体大幅增加，事中事后监管难度也大幅增加，数字技术是应对监管挑战和提高服务能力的有效手段。积极推进数据跨部门、跨层级、跨地区汇聚融合和深度利用，为智能监管、智能服务提供强大的数据支撑。大力破除各种制约政务数字化的桎梏，如电子证照跨部门和跨区域互认、电子文件归档等制度障碍。加快推进数据协同下的政务流程再造，实现更多事项“一件事一次办”。加强企业服务平台建设，打通政策直达“最后一公里”，为市场主体提供精准、高效的政策服务。

（二）加强公平竞争市场建设

公平竞争是高标准市场体系的客观要求，要充分利用公平竞争审查、反不正当竞争和反垄断执法等工具，形成更加公平竞争的市场环境。

加强公平竞争审查刚性约束。公平竞争审查制度建设 5 年以来进展很快，已经在全国全面推行，但刚性不足的问题比较突出，下一步要持续加大落实力度。凡涉及市场准入、产业发展、招商引资、招标投标、政府采购、经营行为规范、资质标准等有关市场主体经济活动的规章、规范性文件、其他政策性文件以及“一事一议”形式的具体政策措施，均要纳入公平竞争审查范围。在严格落实“谁制定、谁审查”原则的基础上，鼓励有条件的地区积极探索优化审查方式，丰富审查工具和方法，提升审查的专业化、精细化水平。积极推行公平竞争审查的第三方评估，客观和充分地评估政策措施对市场竞争的影响。统筹做好增量审查和存量清理，逐步清除、废除妨碍全国统一市场建设和公平竞争的存量政策。建立健全公平竞争审查的抽查考核制度，督促制度落实。

加强反不正当竞争和反垄断执法。着重查处群众反映强烈的不公平竞争现象，例如对驰名商标、重点商号字号、商业秘密、技术秘密等知识产权的侵犯，采用财物或者其他手段贿赂对方的工作人员以谋取交易机会或者竞争优势的行为，在互联网领域“刷单炒信”、网络诈骗、直销虚假宣传等欺骗消费者行为，进一步净化市场秩序。进一步深化自然垄断行业改革，协调企业改革、市场结构改革和监管改革同步推进。加强平台经济领域反垄断和反不正当竞争执法，完善平台企业垄断地位认定标准、数据收集管理、消费者权益保护等方面的制度。

继续推进各种所有制企业公平竞争。我国已经全面清理有违不同所有制企业公平竞争的法律法规，但是传统体制遗留的不同待遇依然不同程度存在。建议按照中央提出的分类推进国有企业改革的部署，加快推进商业类企业实行“政企分离、政资分离”，转变为不依赖国家信用的独立市场主体。进一步构建“清亲”政商关系，加强干部与民营企业的交流，认真解决民营企业发展中的困难。全面实施“准入前国民待遇+负面清单”管理，不断扩大对外开放水平，提升监管政策透明度和可预期性，公平对待内外资企业，吸引更多外资参与中国经济大循环。

（三）加强信用体系的基础性作用

信用是市场经济的基础，市场经济首先是信用经济。完善的信用体系是社会主义市场经济健康发展的基本保障，也是市场主体高质量发展的内在要求。

加快全社会信用体系建设。将信用体系当作市场经济的关键基础设施，加快建设步伐，稳固信用基础。科学界定信用信息范围和程序，规范信用信息共享公开范围和程序，规范严重失信主体名单认定标准，依法依规开展失信惩戒，建立有利于自我纠错的信用修复机制，加强信息安全和隐私保护。着力提升信用信息化建设水平，形成全面覆盖各地区各部门、各类市场主体的信用信息“一张网”。积极稳妥推进信用服务业开放，进一步完善信用服务业规范，促进信用服务业健康发展。

建立以信用为基础的新型监管机制。以信用为基础的监管是低成本、高效率的监管方式，基本做法就是要按照市场主体的信用水平实行差异化监管，对守法诚信的企业“无事不扰”，并提供更好的行政服务，如“容缺审批”“轻微违法违规容错免责”等；对违法失信的企业加强监管，严格审批手续，加大抽查频次，严格执行惩罚措施，让其承担应有的失信代价。完善对违法失信行为的联合惩戒机制，扩大跨行业、跨领域、跨部门的联合惩戒范围。

更加重视政务诚信建设。少数地方出现的政务不诚信对营商环境破坏性极大，甚至给整个相关地区都带来负面影响。要树立诚信守诺、违约赔偿的理念，在招商引资、引进人才、政府采购、政府与社会资本合作中，加强前置合法性审查，避免出现无法兑现的承诺和无法履行的合同义务。积极处理因政策变化、规划调整等因素带来的历史遗留问题，对行政机关不作为、乱作为等涉企行政诉讼和民事诉讼，应及时做出公正裁决，重点解决“新官不理旧账”问题。

（四）加强改革探索中的制度化建设

鼓励各地探索创新、破除制度制约。建设市场化法治化国际化营商环境，客观上要求不断突破既有体制机制和制度制约。要鼓励各地探索原创性、差异化的改革举措，将自上而下的改革要求和自下而上的改革活力结合起来，凝聚各方面的改革力量。允许各地改革试错，对“放松事前审批、加强事中事后监管”改革过程中出现的新情况新问题，要明确免责空间。国家相关部委要积极为地方的创新探索创造条件，建立上下联动、试点授权等机制。

持续推进相关法律法规“立改废释”工作。对于前期各地营商环境改革涌现出的有效做法应加快上升为制度规范，一些重要内容应上升为地方性法规或部门规章，甚至国家法律。对于明显不符合改革要求的审批和监管制度应抓紧修改，重点解决行政审批要求不合理、部门法规之间不衔接甚至存在冲突、跨部门数据共享难以深入推进等方面的制度问题。加强对数字经济、互联网金融、人工智能、大数据等新技术新应用的跟踪评估，抓紧补齐制度短板、消除规则空白。

三、推动优化营商环境工作更加精准高效地服务于市场主体

优化营商环境是一项系统工程，需要加强统筹协调保障，充分调

动各方的改革积极性、主动性和创造性，更加精准高效地服务于市场主体。

（一）健全各地改革统筹推进机制

推动各地加强对优化营商环境工作的组织领导，建立健全统筹推进、专项实施、督促落实的工作机制，及时协调、解决改革工作中的重大问题。重点解决当前各地普遍存在的"政策不配套""行动不协同""资源能力不支持""最后一公里不畅通"等突出问题。中央层面要加大对基层政府和办事人员的培训力度，加快转变治理理念，提高主动为市场主体服务的意识，增强对新经济领域的认识和应对能力。

（二）着力缩小地区间营商环境差距

鼓励各地因地制宜实施改革，东部地区对标国际先进、先行先试，中西部和东北地区聚焦企业反映的普遍性、突出性问题，对标国内先进，加快改革步伐。加强对营商环境相对落后地区的指导帮助，督促和帮助解决营商环境方面的历史遗留问题，加强数字政府建设的技术统筹和政策支持，加强先进地区营商环境经验的推介和横向交流等。

（三）充分发挥创新试点城市的示范引领作用

加大营商环境创新试点城市支持力度，推进一批城市率先建成国际一流营商环境。在国家法治框架内，赋予营商环境创新试点城市充分的改革自主权，鼓励各地根据城市定位和发展要求，因地制宜确定试点内容。以破除体制机制约束为核心，力争在一些重要领域、关键环节取得突破，探索出更多行之有效、具有普适性、可复制可推广的改革举措。及时评估和总结相关改革经验，适时在全国推广典型做法。

（四）继续加强国际对标对接工作

对标国际一流、对接国际通行经贸规则，是优化营商环境、塑造国际竞争新优势的关键之举，也是以开放促改革的重要手段。继续发挥世界银行营商环境评价的带动作用，主动对接世界银行标准和国际先进经验，以点带面，不断提升我国营商环境整体水平。加强与国际通行经贸规则对接，推进内外贸法律法规、监管体制、经营资质、质量标准、检验检疫、认证认可等相衔接，实现更高水平的制度型开放。

（五）进一步用好评估评价和督促落实机制

以市场主体的感受与满意度作为着眼点，完善评估、规范评价、改进督查。要完善重大政策评估制度，促进政策评估规范化、制度化、常态化，不断提升政府决策科学化、民主化、法治化水平。规范各类营商环境评价，改进评价方式方法，对基层应适当减少考核、评价、督查的频次，防止增加地方和市场主体负担，增加实地调研、工作评估和培训服务。继续发挥督查“利器”作用，督促各地把更多精力和资源放在推进改革上，放在解决市场主体实际困难上。

执笔人：袁东明　马骏　马源　高太山

第三章

优化营商环境支撑高质量发展

营造市场化、法治化、国际化一流营商环境，是建设高标准市场体系的重要内容，是实现高质量发展的关键支撑，对于加快建设全国统一大市场，有效激发各类市场主体活力，促进产品服务升级和优胜劣汰具有重大意义。党的十八大以来，我国全面推进“放管服”改革，重塑政府和市场关系，营商环境国际竞争力不断提升。市场主体普遍反映政府“办事方便了、管理松绑了、负担减轻了”，同时新形势下市场主体对经营环境提出了更高要求，需要我们将优化营商环境工作向纵深推进。

一、大力优化营商环境，全方位降低制度性成本

过去 10 年，我国全面推进营商环境优化工作，在提升政务效率、降低制度性成本方面取得了显著成效。

第一，完善产权保护制度，增强民营企业信心。2016 年 11 月发布的《中共中央 国务院关于完善产权保护制度依法保护产权的意见》，明确提出了完善产权保护制度的十大任务。各部门、各地方大力落实意见要求，产权保护工作扎实推进，例如最高人民法院 2016 年印发了《关于依法妥善处理历史形成的产权案件工作实施意见》，国家发展和改革委员会、最高人民法院 2020 年出台《关于为新时代加快完善社会主义

市场经济体制提供司法服务和保障的意见》。2016—2020年，累计甄别纠正涉产权刑事冤错案190件237人，张文中案、顾雏军案、赵明利案等一批涉产权案件的再审改判，向全社会释放出党中央加大产权保护力度、依法保护企业家合法权益的强烈信号。

第二，大力压缩审批事项，激发微观主体活力。核心是最大限度减少政府对市场活动的直接干预，主要包括：持续深化行政审批制度改革，大幅压减和调整行政审批事项，其中国务院部门行政许可事项已削减超过50%，非行政审批事项退出历史舞台。大力推进商事制度改革，从"先证后照"到"先照后证"，再到"证照分离""照后减证""多证合一"，市场主体开办时间压减至4个工作日以内。同时，着力破解"准入不准营"难题，在全国范围内深化"证照分离"改革，对涉企经营许可实施清单管理，按照"四扇门"分类改革；大幅压减企业资质类别和等级，不断简化生产经营条件，实施工业产品准入制度改革，压减工业产品生产许可证近90%，办理许可证的便利化程度大幅提高。

第三，持续实施减税降费，降低实体经济税费负担。针对市场主体反映税费负担重问题，国务院每年都制定了减税降费的数量目标和具体实施措施。10年来，我国全面实施增值税改革，大幅下调制造业增值税率，普惠性减免小微企业和个体工商户税费，开展大规模增值税留抵退税，不断提高研发费用加计扣除比例，实施降低社会保险费率综合方案，降低养老保险单位缴费比例，阶段性降低失业保险、工伤保险费率，这些重大政策有力地降低了市场主体税费负担。2016—2021年，全国新增减税降费累计超过8.6万亿元，税收收入占GDP比重从2016年的18.1%下降到2021年的15.1%，宏观税负持续减轻，为市场主体抵御新冠疫情冲击发挥了关键作用。

第四，构建新型监管机制，提升政府监管效能。各地各部门不断将行政资源从事前审批中解放出来，转向全周期、全链条的事中事后监管，基本实现了从“严进宽管”到“宽进严管”的重大转变。一是探索综合监管，在深化党和国家机构改革中，组建了市场监管等5支综合执法队伍，涉及30多个执法领域，着力解决多头、多层和重复执法等问题。二是创新实施分类监管、“双随机、一公开”、“互联网+监管”、信用监管等新型监管机制，增强监管精准性、公平性。对食品、药品、特种设备以及进口冷链环节实施全覆盖重点监管，层层压实各级管理部门和监管对象责任。三是信用监管长效机制更趋完善。信用监管制度化、法治化框架初步建立，信用评价、惩戒、修复制度日益健全，智慧化、精准化水平大幅提升，涉企信息归集共享工作扎实推进，国家企业信用信息公示系统公示事项不断增加，社会影响持续扩大，日均访问量5000万人次以上，守信激励、失信惩戒协同联动机制不断完善。

第五，优化政务公共服务，化解“办事难”“办事繁”。各地各部门不断梳理和再造政务服务流程，加快政务服务标准化规范化透明化，推进政务事项集中进大厅，实行人民群众办事只进一扇门、只到一个窗、最多跑一次。大力推进“互联网+政务”，着力于业务协同和信息共享，使更多事项“掌上办”“码上办”“一网通办”，审批不见面、办事不打烊、服务不断档，网上可办率超过90%，电子政务在线服务已经进入全球领先行列。持续开展减证便民行动，积极引入一次告知、容缺受理、告知承诺等新机制，全面实施“好差评”制度，真正把市场主体和群众的“关键小事”当作政府的“头等大事”，让依规办事不求人成为常态。

二、营商环境仍需要进一步优化

在优化营商环境工作取得巨大进步的同时，市场主体对营商环境改革也提出了更高的需求。调研中，市场主体反映的问题主要集中在以下6个方面。

第一，产权保护还有待进一步强化。市场主体反映侵害合法权益的事件还经常发生：一是限制经营权，一些地方在实施新的监管标准时无缓冲期，市场主体只能被迫限产、停产或关停，引发违约乃至供应链断裂。二是一些地方监管实行“一刀切”，采用简单粗暴的做法，如简单以规模为门槛，粗暴采用“先停再说”的方法，不实地勘察是否已经达到国家标准。一些地方因新冠疫情过度防控，打乱了市场主体正常经营节奏，还增加了很多非必要成本。三是账款拖欠问题依然突出。房地产、工程建设、商用汽车等领域，市场主体间普遍存在相互拖欠工程款、货款的现象，拖欠链条较长。

第二，税费负担仍然偏重。调研中，市场主体反映的突出问题包括：一是综合税负仍然偏高。根据世界银行营商环境评估报告（2020年），我国企业综合税负为59%，主要原因是企业社保缴费负担过重。二是实际税负有所加重。信息化手段的引入与严征管政策的推进，减少了地方政策优惠空间和税收及社保“漏洞”，特别是社保缴费每年增长较快，中小微企业反映实际承担的税费有所增加。

第三，不公平竞争现象仍较多。一是招投标门槛高、不合理。在工程招标、医疗领域，一些地区政府投资项目仍要求投标单位必须先进入预选承包商名录，有的明确要求必须与当地市场主体组成联合体，有的强制或者变相要求在本地设立分子公司。二是一些政策区别对待不同类型市场主体。一些地区出台消费券政策，或规定本地市场主体的产品或服务才能使用，或规定规模以上商户才能享受等；有些地方要求承接门头广告时，必须具备建筑企业资质；一些民企反映职称评审申报途径少，评价标准不利于民企，缺乏专门服务民企的职称评审机构。三是存在隐性行政垄断现象。一些行业简单实行“数量”限制，一些地区某些行业指定独家或几家企业经营，公平竞争审查制度刚性不够，有的地方不公平竞争政策仍时有出台。

第四，政府服务效率和能力仍有待提升。调研来看，各地政务服务改善非常明显，但区域间对比来看，还有改进空间。一是事项覆盖少，一些地区跨部门“一窗通办”事项不多，大部分市县“一件事主题集成服务”事项有限，群众办事还得“多头跑”。二是服务标准不一致，一些城市的不同区县在企业开办、注销、经营范围变更、开设银行对公账户方面政务服务标准不清晰、不一致，窗口人员自主裁量权较大。三是人员能力不足，在中西部地区，涉及外商外资的审批事项仍然存在“问询难”“办事繁”现象，主要原因是工作人员经验不足、办理相关事项少、凡事都要向上级咨询。四是个别地方事项进大厅较慢，水电气热等公用事业服务尚未实现整合，相关窗口设置流于形式，并联审批的实质性作用还未发挥出来。五是一些地区主动服务意识和能力不强，政策推送做得还不够，未能充分做到“政策找人”“政策找企业”，市场主体需申请才能享受相关政策，如要享受国有房屋租金减免政策，需自证被列入小微企业名录，有的小微企业反映未被纳入名录，导致无法享受。

第五，政策不连续、变动大，导致市场主体预期不稳。调查显示，市场主体对政策稳定性有较高期待。政策变化大有诸多表现：一是政策不清晰，比如在互联网领域，市场主体认为政策红线及实施尺度不清晰，监管政策叠加出台，缺乏清晰预期，不敢投资。二是政策实施搞突击，缓冲期、过渡期不足，特别是一些监管政策，实施前未设置合理的政策消化期、市场适应期。三是“大”政策调整影响“小”政策落实，有市场主体反映项目投资时，地方承诺依据当地政策给予优惠电价，但由于上级政府调整用电政策，直接导致用电成本增加，使得投资预期回报受损。四是政策实施“一刀切”、不合理，一些地区进行能源“双控”时以行政指令拉闸限电，指标管理未能合理考虑产值与能耗之间关系，造成市场主体产能压缩、开工不足。

第六，全社会信用体系尚待健全。一是政府主导的信用体系还不完善。部分地区共享平台建设迟缓、数据归集力度不强、信用信息覆盖面较小、共享数据量较少、信用信息更新滞后，难以形成跨部门、跨地区的信用记录。二是市场化的信用服务不足。政府数据开放度不够，对行业组织、互联网企业等社会力量依法采集相关信息支持力度不够，信用服务市场发展缓慢。三是政务诚信还有待增强。如一些地区在招商引资过程中，抱着“先把企业引进来再说”的心态，为增强吸引力往往会给出过多过高政策优惠承诺，最后却兑现不了。有的地区因土地规划调整，造成企业搬迁、停产损失，或招商承诺无法兑现，但相关补偿又不到位。四是诚实守信的社会良好风尚待形成。市场主体对诚信经营的重要性认识不够，制假售假、商业欺骗时有发生。政府对市场主体诚实守信的行为缺乏奖励机制；对失信行为的惩罚力度不够、不普遍，尚起不到敬畏信用的威慑效果。

三、优化营商环境支撑高质量发展的政策建议

营商环境就是生产力，优化营商环境就是解放生产力、提升竞争力。建议把全面优化营商环境作为全局性、先导性和基础性工作来抓，聚焦市场主体发展面临的现实挑战，在产权保护、税费改革、公平竞争等众多方面出台更有力度的改革举措，进一步增强投资发展信心，提升政策获得感，为高质量发展提供基础性支撑。

第一，切实加大产权保护工作力度。产权制度是社会主义市场经济的基石。一件产权案件的错判、误判就会挫伤整个社会的信心。一是要在纠正一批冤案错案、重审一些存在明显问题的典型产权保护案件的基础上，剖析深层次体制原因，形成进一步完善产权保护的制度。二是要增强政策稳定性、可预期性。对于长期性政策，建议更加注重政策制定程序的规范性，广泛征求相关利益方意见，提高决策的科学化、民主化水平，特别是对于涉企重大政策变动，要留出必要的过渡期、适应期、消化期。对于短期性政策，如国家出台的逆周期调节政策和惠企纾困措施，需要明确实施的期限，让市场主体提前作好准备。对于因地方规划调整、产业调整或出于社会公共利益需要，所引起的市场主体搬迁、关闭停产等，建立健全经济损失补偿机制，增强政策可预期性。

第二，加强市场主体平等保护。要坚持权利平等、机会平等、规则平等，切实保障各种所有制经济享受平等待遇。建议一是破除地方保护。将公平竞争审查作为优化营商环境的优先事项，从严落实审查制度，重点审查涉及市场准入、产业发展、招商引资、招标投标、政府采购、经营行为规范、资质标准等规章、文件和其他政策措施，同时强化

竞争主管部门的抽审职能，针对投诉重点领域和行业加强定向抽查。二是完善招投标制度。深入推进招标投标全流程电子化，持续强化对制度规则、技术标准及各类资格库、供应商库的检查清理，推进优质评标专家等资源跨地区跨行业共享，畅通异议渠道，构建以信用为基础、衔接标前标中标后各环节的新型监管机制。三是保障不同所有制公平竞争。继续完善涉及民营经济的市场准入、融资、招投标、政府重大项目等政策，确保依法平等适用，消除各种所有制歧视。

第三，有效降低税费综合负担水平。税费负担过重会抑制市场主体再投资积极性。建议一是加快落实社保缴费制度由过去的“高费率、高优惠”转为“低费率、严征管”，力争达到与国外主要经济体相近的总体水平。另外，为解决历史上“老人未缴”形成的缺口，可以进一步加大国有资本对社会保障体系的支持力度，包括利用国有资本收益支持社保基金，增加国有资本划拨社保基金的比例等。二是继续加大降税力度，包括优化税制结构，降低间接税比重，提高直接税比重，提高税负的公平性。三是防范新增政府拖欠和乱罚款增加。将市场主体投诉渠道上提一级，建立拖欠跟踪监测机制，进一步督导落实国家关于防范和化解账款拖欠要求。重点关注个别地区罚款收入明显增加、强制安装系统增加市场主体负担等现象，加强对重点地区的督查通报。

第四，全面提升监管效能和强化公平竞争执法。深入实施以“双随机、一公开”为基本手段、重点监管为核心、信用风险监管为基础的新型监管机制。一是推进“双随机、一公开”机制全覆盖。进一步明确已取消下放调整行政许可事项所对应的监管权责，实施事前事中事后全链条监管。建立健全“一单两库一细则”，实现监管事项全覆盖。二是强化重点领域常态化监管。对食品、药品、疫苗、特种设备、危化品等关乎生命和财产安全的重点领域，强化全主体、全品种、全过程、全链条监管。加强安全生产日常监管、严格执法，有效遏制重特大安全事故的发生。三是加快推进跨部门综合监管。明确行业主管部门和各相关部门的监管责任，落实综合监管事项的牵头部门和全链条责任主体，对新业态新模式建立发现、评估、综合协商机制。四是在各领域全面开展信用风险监管。全面实行分级分类监管，对守法诚信、风险等级低的市场主体“无事不扰”，对违法失信、风险等级高的市场主体加强监管，加大抽查频次，严格执行惩罚措施。五是进一步强化反垄断和反不正当竞争执法。加强对水电气暖等传统自然垄断领域的事前监管，查处滥用市场支配地位行为。防止垄断行为，如为了监管方便而指定独家经营或限制主体数量。深化中介市场改革，既要扩大开放，防止少数中介机构垄断市场，又要加强监管，促进优胜劣汰。

第五，持续健全“互联网+政务”服务体系。在确保网络安全的前提下，完善国家—省级—地市级数据交换平台，进一步加快推动系统对接、数据共享，重点是推进国家垂管业务信息系统向地方开放更多接口，加速各垂管业务信息系统相关证照数据、办件数据等的常态化回流。进一步健全数据共享治理机制，按照“急用先行、高频先享”，优化申请流程，缩短共享时间，提高共享效率，切实发挥数据治理在支撑数字政府建设、助力政务服务便利化中的突出作用。统一“跨省通办”事项名称和标准，制定高频电子证照标准，稳步推进各省份电子证照照面内容、展示形式等的全国统一，推进跨区域互认共享。

第六，加强营商环境法规体系建设。营商环境改革已经进入深水区，部分领域面临上位法缺失或约束，需要及时立法修法。建议针对审批制度改革过程“告知承诺制”撤销程序尚不完备的情况，国家层面尽快健全制度，构建区别于一般可撤销程序的告知承诺制撤销程序。针对工程建设审批，各地正探索实行建筑师负责制，全面推行多测合一、项目竣工联合验收等，要完善制度、明确各方法律责任。针对企业破产，进一步完善关于便利企业破产和退出制度，在相关法律法规中增加个人破产、跨境破产、中小微企业专门破产程序等相关制度设计，明确破产程序启动标准、破产重整相关规则等要点。同时，总结各地专项立法探索，进一步制定系列专项性法律，为司法判决提供专项性法律依据，比如针对公平竞争审查、合法性审核、行政审批中介服务等制定配套制度及实施细则。

执笔人：马骏　袁东明　马源

第四章

持续推进不动产登记改革

不动产登记是市场经济的一项基础性制度。世界银行将不动产登记作为营商环境评价的一项重要指标，主要衡量企业购买不动产所需的流程、时间及费用，并从设施可靠性、信息透明度、土地争议解决机制等角度评估土地管理质量。2017 年 5 月以来，国土资源部[①]先后出台了一系列政策措施，逐步压缩不动产登记办理时限，包括推行“一窗受理、并行办理”，拓展网上办理事项，扩大登记服务范围，提供信息共享服务等。据世界银行《全球营商环境报告 2020》显示，我国登记财产指标在全球 190 个经济体中从 2018 年的第 41 位上升到第 28 位，提升了 13 名，接近全球先进水平。

2020 年以来，课题组借鉴世界银行营商环境评价方法，采取实地调研、问卷调查、政府座谈和企业访谈相结合的方式，对北京、上海、重庆、广州、深圳、杭州、成都、哈尔滨、武汉、无锡、衡水等 11 个城市开展了不动产登记改革专题调研。调研发现，各地持续促进营商环境优化，完善不动产登记，涌现了一批典型经验；但是，一些地区办事耗时长、办证难的问题仍未根本解决，改革须持续深化。

① 2018 年组建中华人民共和国自然资源部，不再保留国土资源部。

一、不动产登记改革的典型经验

不动产登记涉及12个政府部门管理职能，过去部门间合作机制不清、信息共享不畅。以二手房转移登记为例，流程通常涉及网签、核税、缴税、登记和领证等主要环节，分别由住建、税务、自然资源等部门负责审核受理。在不动产登记改革开展之初，不同部门多头受理，企业和个人要反复跑，重复提交材料，登记办理难、时间长的问题较为突出。

2019年3月，国务院办公厅印发《关于压缩不动产登记办理时间的通知》，提出推动信息共享集成、推动流程集成、推动人员集成等3项主要任务，要求全国所有市县在2020年底前将一般登记、抵押登记业务办理时间全部压缩至5个工作日以内。全国多地围绕“减手续、减时间、减成本”，持续优化不动产登记，推进“互联网+不动产登记”和“一窗受理、并行办理”，涌现出大量创新举措和典型经验，企业群众满意度持续提升。

在信息共享集成方面，广州市加强部门统筹联动，大力推进住建、税务、公安、民政、工信、市场监管等部门信息共享，按照“能用先用”“急用先行”和“凡能共享获取的不要求群众重复提交”的原则，实现包括营业执照、居民身份证、结婚证、人才绿卡、优粤卡等高频业务所需的42项数据信息共享；杭州市依托“城市大脑”，数据按需全归集，群众、企业申请不动产登记时，无须提交相关申请材料或信息，凭居民身份证或社会统一信用代码即可准确调取所有不动产登记所需电子数据，实现70%以上登记事项“一证通办”。

在“一窗受理”方面，北京市按照“一窗受理、内部流转、即时办结、同窗出证”模式建设综合窗口，房屋交易涉税由登记中心委托代征，实现了产权转让过程中业务全流程均在综合窗口一次完成；上海市对不动产登记涉及的网签、缴税、登记工作流程进一步整合优化，推出以服务企业为核心的“一个环节、当场办结”绿色通道；重庆市在不动产登记中心大厅内设立综合受理窗口，统一受理税收、交易与登记等事项，一次性收取全部所需材料，实行业务并联办理。

在创新不动产登记延伸方面，广州市南沙区积极探索不动产跨境抵押登记，拓宽融资渠道，符合条件的自然人、法人或其他组织可向境外银行申请融资贷款，并在登记机构办理跨境融资不动产抵押登记；深圳市推动不动产登记“全城通办”，允许企业选择深圳市任一区域的登记所或不动产登记服务厅进行办理，实现企业“异地”就近办理；重庆市切实推动预告登记“远程申报”，全市各房地产开发企业可通过互联网直接办理新建商品房的不动产转移预告登记、不动产抵押预告登记等业务。

二、不动产登记改革的主要问题及其原因

目前，全国不动产登记改革工作成效显著，部分城市不动产登记便利化程度已达到国际领先水平。但是，调研发现，改革落实不平衡、信息共享不充分、“一窗受理”难落实、服务能力待提升等问题仍然突出，亟须不断深化改革。

（一）改革落实不平衡

调研发现，各地区间不动产登记改革相关政策落实情况存在较大差异。例如，广州、杭州、上海等城市已初步实现不动产登记“一日办结”，并将大多数相关业务整合到不动产登记大厅的综合窗口统一受理。而西部某市企业间办理不动产转移登记平均需要6个手续、8天时间，东部某市平均需要7个手续、10天时间，各项手续需要在不同窗口串联办理，部分涉税业务还需到所在地主管税务所单独办理。

究其原因，一是各地发展阶段不一、基础条件不一，少数地区受限于财力、人力，改革措施尚未完全落实到位。二是有的地区尚未建立起系统的改革统筹推进和部门协同机制，没有形成与改革推进相匹配的督促落实机制，还存在“以文件落实文件”“唯排名论”等误区，导致改革落实不充分。

（二）信息共享不充分

目前，各地不动产登记改革以流程精简优化为主要手段，通过将登记过程中涉及的多个部门整合到大厅的综合窗口，一次性收取材料，统一受理事项，压缩不动产登记办理时间。调研发现，多数地区的改革是通过将不同部门人员集中办公的“物理融合”方式实现便民快捷，缺乏信息化技术支撑的“化学融合”。地方住建和税务部门之间信息互通共享程度不足，业务需要在各自垂直管理系统上办理，导致与不动产登记相关的材料信息很难直接共享交换。例如，东部某市办理不动产登记首先需在住建部门网签合同，然后在税务部门核税、缴税，之后由不动产登记中心受理转移登记、缴费和领证（见表4-1），不同部门各司其职，部门间信息不互通不共享。

表 4-1　　东部某市不动产登记手续、所需时间和费用

序号	手续	具体内容	时间	费用
1	网签合同	在网签自助机签订网签合同	1个工作日	—
2	线下评估	在咨询台窗口评估材料	与上一流程同时办结	—
3	核税	在税务窗口提交材料核税	2个工作日	—
4	缴税	在税务窗口缴税	1个工作日	不动产价值的3.1%
5	申请受理	凭不动产登记申请书、身份证明、产权证书、买卖合同、契税缴纳凭证、营业执照等要件办理不动产转移登记	1个工作日	—
6	缴纳登记费	在企业专窗缴纳登记费	3个工作日	550元
7	领证	在领证窗口领取不动产证书	与上一流程同时办结	—
总计	7个	—	8个工作日或10个自然日	—

资料来源：根据调研资料整理。

此外，大量历史存量数据的数字化程度不足，也是信息共享的现实障碍。例如，在重庆、广州等地，交易双方持 2015 年之前发放的国土证、房产证两证办理业务时，需要进行核查换证手续，有时还需补充测绘材料，无法直接调取历史数据进行核验。

（三）“一窗受理”难落实

按照改革要求，各地都在推行不动产登记“前台综合受理、后台分类审批、统一窗口出件”的“一窗受理、集成服务”新模式。但调研发现，部分地区的“一窗受理”有名无实。例如，武汉、哈尔滨等市均提出了“一网受理，一窗办结”等举措，但实地调研发现，群众办理

业务仍需要在住建、登记中心、税务、银行等部门的不同窗口来回跑、反复排队，多头审核，串联办理。西南某市的“一窗受理”持续推进，但走访某区县不动产登记中心时，发现其做法是将原有的窗口前都加上“一窗受理”，如“一窗受理合同网签”“一窗受理税务”“一窗受理登记”“一窗受理维修资金”等，办理时仍是“多窗受理、串行办理”，“综窗不综”的问题凸显。

另外，有的城市还要求法定事项之外的前置条件和不必要手续。例如，西南某市部分区县要求进行房源核验、权籍调查、材料预审等环节；华北某市办理不动产登记首先需检查不动产权证书，进行落宗审查；华东某市需要税务部门进行合同评估等，给办事的企业群众增添了额外负担。

（四）服务能力待提升

我国不动产统一登记工作开展以来，各地的登记工作已全面统一在不动产登记大厅办理，但集中办公并未实现人员服务能力的统一集成。一方面，有的城市不动产登记中心不同部门的工作人员对业务的熟悉了解程度不一致，不同部门窗口对同一事项的办理流程解释不一，相互矛盾，导致办事群众无所适从。在有的城市调研发现，不同部门窗口之间相互推诿“踢皮球”，咨询台指挥去税务窗口，税务窗口让去登记窗口，登记窗口又让去咨询台，办事群众反复跑，叫苦不迭。另一方面，有的城市不动产登记中心硬件设施条件与群众办事需求不匹配，办公面积小、窗口数量少，而办事群众多、业务总量大，现场排队等待需要数小时。

近年来，各地针对不动产登记改革，陆续出台一系列政策文件，客观上存在政策更新快、改革举措多、改革任务重的情况，给基层政务服务人员提出了更高的要求和挑战，一定程度上存在基层人员工作负担重，服务能力和效率难以跟上改革需求的困难。深层次原因在于，各地将不同部门人员整合到不动产登记中心后，只是机械地把相关部门的人员集中到一个场所办公，而人员的相关管理、监督、培训职能仍分属原部门，未形成统一的集成管理机制，因此难以满足政务服务的高质量供给。

三、推进不动产登记改革的政策建议

各地按照“三个集成”的要求大力推进不动产登记改革，总体上成效显著，下一步，应针对问题精准发力，以为企业和群众“办好一件事”为标准，持续深入推进不动产登记改革。

（一）完善不动产登记改革推进的工作机制

一是中央层面加强统筹协调，强化自然资源部门的组织领导，加强自然资源和住建、税务等部门间协作。二是建立有效的经验借鉴机制。建议定期总结推广典型经验做法，地区间广泛开展经验交流分享，推动先进地区发挥改革示范效应，将行之有效的改革举措在全国范围内复制和借鉴。三是对标先进建立有力的领导工作机制。建议各地根据实际情况，成立工作领导小组，明确各部门职能，研究制定具体的实施方案和配套措施，形成由牵头部门统筹协调、各有关部门全力支持紧密配合的改革工作机制。四是建立督促落实机制。建议强化对改革情况的跟踪，适时进行评估督查，畅通投诉举报渠道，广泛听取企业和群众对不动产登记的意见与诉求，领导小组定期协调解决改革中的具体问题。

（二）进一步推动不动产登记领域信息共享

一是进一步打通部门间信息壁垒，建立部门间信息共享集成机制，完善数据共享交换平台，推动自然资源、住建、税务、公安等部门通过线上平台提取不动产登记相关信息，强化信息按需查询和共享。二是完善不动产登记信息基础数据库，加快存量数据整合与质量提升，系统开展历史数据数字化和地籍测绘补充调查工作，定期维护更新数据信息系统，实现存量数据可查、可用、可靠。三是持续推进“互联网 + 不动产登记”，依托互联网、大数据等技术手段，按“线上统一申请、联网审核、网上反馈、现场核验、一次办结”模式，实现服务企业和群众零距离。

（三）进一步推动不动产登记流程集成

一是梳理不动产登记全流程手续，加快形成不动产登记统一事项清单。建议各地深入落实国家改革要求，根据实际情况对网签、房源核验、权籍调查等不必要环节进行清理或合并，形成统一规范的不动产登记流程图。二是加快推进不动产登记中心“综合窗口”建设，优化审批信息系统，加强数据互认，通过信息化手段促进窗口内部业务全流程的整合集成。三是复制推广先进城市“一窗受理、并行办理”的改革经验，切实落实综合窗口的“统一受理、一窗收件、一窗出证”。

（四）进一步提升不动产登记能力

一是推动各地不动产登记中心硬件设施优化升级，积极运用人工智能等网络信息技术为服务提质赋能，根据业务需求合理安排窗口和配置人员，提升便民服务综合水平。二是强化窗口建设，打造一批“便民、高效、规范”的不动产登记示范窗口。三是定期开展统一的工作人员培训，制作规范一致的培训手册，全面提升窗口人员的业务能力和服务水平，确保打通为民服务“最后一公里”。

执笔人：马晓白　王誉霖

第五章

加快市政公用报装便利化改革

近年来，我国持续推进市政公用报装便利化改革，各地相关部门围绕为市场主体提供更高质量报装服务，对标国际先进规则和最佳实践，压减报装环节和时间，积极推行网上办事，着力提高收费透明度和供水（电、气）可靠性，努力让市政公用报装更便捷。基于对全国 45 个城市的调研发现[①]，在肯定改革成效的同时，也要看到各地还存在报装时间长、手续繁、费用高等问题，与市场主体的期望有一定差距，市政公用报装便利性改革还有较大空间。

一、市政公用报装手续繁、时间长、费用高等问题突出

新设企业或新建项目往往有开通用水、用电、用气、用热等多项市政公用报装服务的需求。调研发现，各地大力推动市政公用报装便利化改革，取得了积极进展，尤其是简易低风险类项目和工业园区内项目的市政公用报装改革成效明显，但一般社会投资住宅类项目、政府投资类项目以及非标准化工业厂房类项目的市政公用报装还比较困难，企业满意度普遍不高、改革获得感不强，报装手续繁、时间长、

① 调研对象包括 4 个直辖市、27 个省会城市、5 个计划单列市以及常州、丹东、信阳等 9 个地级市。

费用高等问题依然存在。

一是报装手续烦琐。通过对全国45个城市调研发现，对于新建项目来说，建设单位一般需经历：申请报装并提供相关资料（包括申请表、施工图纸、总平图、红线图等）、现场踏勘、方案设计、预算编制、合同签约、付款、施工、组织验收、下发通水（电、气、热）令、正式开通用水（电、气、热）等10多个环节。有企业反映高压电力报装流程比较烦琐，除了上述流程以外，还涉及因项目周边供电配套能力不足需企业自建配电房、开闭所[①]等问题。个别地方还要求企业对用水、用电、排水单独进行方案设计和办理施工许可证等，涉及与市政公用单位的多次互动，手续极为烦琐。

二是从报装申请到正式接通耗时过长。调研发现，6类（水、电、气、热、广播电视、通信）市政公用报装时长存在较大偏差，广播电视、通信等市场化程度高的领域，大多数地方用时仅1~2天；供水、供电、燃气、热力等市场化程度相对低的领域，用时明显更长，少则7天，长则100天以上（见表5-1），这一结果与各地提出的报装便利化改革承诺时间差距较大，比如有些地方提出燃气报装仅需受理、通气2个环节1个工作日。各地市政公用报装承诺用时仅限“两头”，即受理和验收环节，对于中间的方案设计、预算编制、合同签约、组织施工等环节尚未纳入改革范围，上述环节耗时弹性大，成为影响报装总时长的重要因素。一些地方的企业还反映存在大量流程外时间，比如，燃气报装需要排队，少则2个月，长则半年之久；再如，电力报装需要协商变电站的公摊面积、位置信息等，诸如此类的情况进一步拉长报装时限，降低企业满意度，让改革效果大打折扣。

---

① 开闭所是将高压电力分别向周围的用电单位供电的电力设施，它不仅是配电网底层最基本的单元，更是电力由高压向低压输送的关键环节之一。

表 5-1　　部分城市市政公用报装所需时长　　（单位：天）

类型	最少时间	最长时间	平均时间
临时用水报装	7	50	16
临时用电报装	15	60	29
正式用水报装	7	30	21
正式用电报装	25	108	39
燃气报装	8	60	23
热力报装	7	60	22

资料来源：以 5 万平方米的社会住宅项目为例，结合各地房地产开发企业的经验值和座谈得出。

三是收费标准不公开、附加条件多，报装费用总体偏高。有企业反映，一些地方的市政公用单位在提供报装服务时，仅给出费用总额，并未列明材料和工时的单价、数量等费用清单。有的地方在缺乏明确的收费依据的情况下，要求企业缴纳报装费、增容费、移表费、环境检测费、开口费、联网费、清管费、管沟占用费等五花八门的 10 余种名目费用，加大了企业经济负担。除了收费标准不透明外，一些地方还会附加强制条款。比如，有的地方市政公用单位指定施工材料及特定产品，企业反映采购价格比市场价高 30%~50%，如不采购，则需加收 20% 管理费用或不予受理报装请求。还有的地方燃气公司在受理报装请求时要求企业缴纳燃气软管暗埋费用 2200 元 / 户，否则不予受理。类似的情况明显损害了消费者利益，损害了自由公平的市场竞争秩序。

二、市政公用报装的主要问题及其原因

报装手续繁、时间长、费用高等问题是多方因素综合作用的结果，

既有基础设计不完善等客观原因，也有改革不到位、市场化水平不高、监督考核机制不健全等体制机制原因。

（一）部分地区城市基础设施配套不足客观上增加了报装难度

近年来，我国城镇化速度快，地产投资项目越来越多，项目所在地离市区越来越远，对水电气热等城市配套设施的容量需求超出了早期的规划上限，不少企业反映在报装时面临容量不足的问题。调研发现，城市基础设施建设不均衡问题凸显，中西部地区、远郊区县的基础设施建设水平远远满足不了需求。在遇到基础设施配套跟不上、容量不足时，需要从更远的地方找接驳点，甚至需要下穿河道、交通轨道等，不仅大幅增加施工成本，还需要协调更多相关部门增大报装难度。有企业反映，在电力报装时因电压容量不够，供电公司要求企业自建开闭所，建成后移交供电公司管理。据了解，一个开闭所占地至少 200 平方米，建筑成本少则几十万元、多则上百万元，完全由建设单位承担不尽合理。还有企业反映，有的地方地下排水管网建设不到位，企业要自建化粪池并定期处理，仅此一项每个月就要额外支出 60 余万元，在基础设施短时间内无法跟上的情况下，无疑会大幅增加企业运营成本。

（二）报装流程和服务规范尚待优化

调研发现，不少地方市政公用报装流程和服务规范还有较大改革空间，主要表现为 3 个方面：一是报装流程亟待优化。比如，一些城市的水务、电力公司要求项目设计方案审查通过后才能提交报装申请，个别城市甚至要求建设单位取得施工许可证之后才可申请报装，严重影响企业后续施工进度。二是多部门协同有待强化。各地企业普遍反映，市政公用报装涉及红线外施工时，由于缺少牵头单位，企业往往需要分头跑市政管网、绿化、环卫、交管等多个部门征求相关意见，有的部门没有明确的办事指南和审批时限，企业表示协调难度大、成本高、耗时长。三是“一站式”服务尚需细化。有些地方尚未将市政公用报装纳入工程建设项目审批制度改革范畴，水电气热等公用服务单位没有进驻行政服务大厅，企业需登录公用服务单位各自的平台自行申报或者到其线下大厅分头报装。有些地方虽可以在“一网通办”系统中提交申报手续，但线上报装流程“有起点无终点”，只有推送过去的数据，没有返回来的结果，企业仍需线下提交材料，办事满意度不高。

（三）市政公用服务尚未建立完善的市场竞争机制

党中央、国务院高度重视市政公用市场化改革，2015 年 6 月建立了政府特许经营制度，推进市政公用市场化进程。由于规模效应和统一规划等，市政公用具有一定的自然垄断性质，尤其是在管网的建设、运维环节，进而在上下游的报装、设计、施工等方面具有较高话语权，导致一两家企业在某一地区形成垄断经营格局，不利于降本增效、提高服务水平。我们梳理了 2016—2021 年国家反垄断局公布的市政公用行政处罚案件，涉及 10 多个地市、12 家企业，发现其滥用市场支配地位的行为主要表现为不公平定价、限定交易行为、缴纳预付款、搭售行为或附加不合理交易条件等。上述问题正是被企业普遍诟病的。有些地方市政公用窗口受理报装需求后，将业务直接转交给下属的设计院和施工单位；有些地方将设计和施工单位的年度中标数量限定为固定的 1~2 家企业，出现变相指定设计、施工单位的现象。企业表示，如果不找这些机构进行设计或施工，在验收环节就很难通过。诸如此类的现象进一步表明市政公用经营尚未建立起完善的市场竞争机制，市场化水平有待提升。

（四）监督考核机制不健全使得市政公用报装全流程管理难以形成闭环

目前地市级政府大多将市政公用报装纳入工程建设项目审批制度改革范畴，但一些区县的改革稍显滞后，水电气热等报装服务游离于改革之外。调研发现，已经纳入改革的地方也仅限于报装、验收两个环节，尚未覆盖现场踏勘、设计、施工等中间环节，全流程改革难以形成闭环。在此情况下，政府监管缺乏有效手段，尤其是一些相对隐蔽的不规范行为，比如通过验收来影响企业选择特定施工单位。市政公用服务也存在监管机制不畅的问题。不少地方政府反映，本地的供电、供气单位都是中央企业，有一套相对独立的垂直管理体系，地方政府推动改革过程中感觉“推不动、有劲儿使不上”，存在监管缺位错位问题。

三、加快市政公用报装便利化改革的政策建议

市政公用服务改革不可能一蹴而就，需要常抓不懈、久久为功。要持续深化市政公用领域改革，推动市政公用单位优化报装流程，公开服务规范和资费标准，促进市场公平竞争，进一步提升服务效率和水平。

一是因地制宜推进“标准地”改革。推进“标准地”改革是近年

来一些地方推出的全新工作，是深化资源要素配置市场化改革、提高土地供应效率、减轻企业负担的重要举措。建议各地结合实际情况，在符合要求的前提下积极推进“标准地”改革，简化、优化、标准化供地程序，严格执行净地出让规定，确保具备项目动工开发所必需的通水、通电、通路、土地平整等基本条件，从源头上解决工程项目外线施工“手续繁、时间长”的问题。对于暂不具备“标准地”出让条件的地区，建议在土地出让或划拨环节，由相关部门牵头，提前摸清周边市政公用配套设施的部署范围、通达能力和容量情况，予以公告公示，让有摘牌意向的单位提前了解情况。同时，引导市政公用服务单位提早部署红线外方案设计和施工，提高企业获得感和满意度。

二是深化市政公用报装全流程改革。建议持续深化市政公用领域“放管服”改革，进一步优化办理流程，精简办理手续，清理隐性事项、前置手续和附加审批要件。推动将市政公用报装全流程纳入改革范畴，除了申请受理、项目验收、正式接通等环节外，还需推动现场踏勘、方案设计、预算编制、组织施工等必备流程改革全覆盖。明确各环节牵头单位及权责义务，推进关联审批事项“一家牵头、并联办理”，提高企业办理便利度。进一步明确各环节办事指南、申请材料、办理时限、收费标准等基本信息，做到一次告知、全面告知，增强报装服务公开性、透明性。推进水电气热全流程报装“零跑动”改革，将报装服务纳入工程建设项目审批管理平台，实现“报装、查询、缴费”等业务全程网办。加强与市政公用服务单位协调，完善评价监督体系，推动报装全流程留痕管理，引入好差评制度，针对企业反映的短板环节与瓶颈问题，形成问题反馈、督促整改、评估落实的闭环管理，不断提升企业满意度。

三是清理规范城镇供水供电供气供热等行业收费。清理取消各种形式的不合理收费，没有合法有效政策依据的收费全部取消，地方政府采取特许经营协议等方式，授权市政公用单位以各类名目收取专项建设费用补偿收入的，应建立健全补贴机制，以逐步取消各类不合理收费。完善市政公用服务价格形成机制，严格规范价格收费行为，明确工时费、折旧费、损耗等成本构成。加强成本、资费标准、价格信息公开，提高收费透明度。

四是提高市政公用市场化水平。营造公平竞争的市场环境是促进市政公用报装便利化的有效手段和必然要求。建议加快推进竞争性环节的市场化，进一步放开市政公用报装设计、施工、验收环节，完善市场竞争机制，允许有资质的第三方机构提供市场化服务，让更多市场主体参与公平竞争，增强市政公用服务供给能力，降低企业成本。完善市政公用市场竞争规则，加强反垄断和反不正当竞争执法，加大对竞争性环节中市场主体监管力度，营造公平竞争的市场环境。

执笔人：高太山　马晓白　刘小溪

第六章

深化工程建设项目“多测合一”改革

工程建设项目审批制度改革是深化“放管服”改革和优化营商环境的重要内容。“多测合一”改革是工程建设项目审批制度改革的关键一环。针对工程建设项目审批全流程中涉及的测绘事项众多，存在建设单位需多次委托、重复测绘、时间长、费用高等问题，国务院明确要求测绘工作实行“一次委托、联合测绘、成果共享”。近年来，各地积极响应、深入探索，涌现了以上海模式和杭州模式为代表的“多测合一”改革创新实践模式，但也存在着工程测量与房产测量标准尚未统一、改革整合事项成果不充分、测绘机构相关经验积累不足、竞争性测绘市场有待培育等问题。建议下一步结合各地现实基础和改革需求，破除障碍打通堵点，有针对性地进一步深化“多测合一”改革。

一、“多测合一”改革进展和成效

“多测合一”指工程建设项目在办理规划用地、房产、消防、道路、绿化、人防等行政审批过程中，所涉及的工程测量、不动产测绘等多项测绘业务，由一家具备相应测绘资质的中介服务机构整体承接，在行政审批过程中向审批平台或部门推送测绘成果，从而实现一次委托、联合测绘、成果共享的改革。具体而言，“多测”主要涉及土地勘测定界、规划定位放线、规划验线、用地复核测量、规划核实测量、消防核实测量、绿地核实测量、人防竣工核实测量、地下管线测量和不动产测绘等多个测绘事项，贯穿工程建设项目审批全流程；而“合一”有着丰富内涵，包括统一技术标准、委托一家机构、统一成果样式等。

（一）“多测合一”改革逐步推进，取得积极成效

长期以来，在工程建设项目不同阶段，建设单位需要多次委托不同机构，就涉及的土地、规划、工程、不动产等事项分别开展测绘工作，分别验收，导致测绘环节多、时间长、费用高，且需对同一标的物重复测绘、相同材料重复提交。为此，国务院在工程建设项目审批制度改革的文件中明确要求推进“多测合一”改革。

我们综合采用政策对比分析和企业专家访谈等方法，深入调研了北京、上海、重庆、杭州、广州、深圳等6个国家首批营商环境创新试点城市“多测合一”改革工作进展情况（见表6-1）。总的来看，自2018年国务院在工程建设项目审批制度改革试点文件中提出相关要求以来，各城市均出台专门政策文件，取得了积极成效。“多测合一”改革能减少重复测绘，降低测绘成本，提升审批效率，打破行业垄断，减轻企业负担，激发市场活力。

表6-1　六城市“多测合一”改革进展情况对比

改革重点内容	北京市	上海市	重庆市	杭州市	广州市	深圳市
整合测绘事项	竣工验收1个阶段3个事项	工程建设许可、竣工验收2个阶段7个事项	竣工验收1个阶段5个事项	立项用地规划许可、工程建设许可、竣工验收3个阶段11个事项	竣工验收1个阶段3个事项	竣工验收1个阶段3个事项
统一测绘标准	探索中	探索中	探索中	已实施	探索中	探索中
委托一家机构	探索中	已实施	探索中	已实施	未涉及	未涉及

续表

改革重点内容	北京市	上海市	重庆市	杭州市	广州市	深圳市
出具一本成果	已实施	已实施	未涉及	已实施	未涉及	未涉及
规范收费标准	参考国家标准	参考国家标准	参考国家标准	探索地方标准	参考国家标准	参考国家标准
建设一个平台	已实施	已实施	已实施	已实施	已实施	已实施
监管测绘机构	已实施	已实施	已实施	已实施	探索中	已实施
改革实施范围	部分项目	全覆盖	全覆盖	全覆盖	全覆盖	全覆盖

资料来源：作者对六城市“多测合一”改革政策文件整理分析后制表。

注：截至 2021 年 10 月。

一是整合测绘事项，明确改革思路。工程建设项目审批全流程划分为立项用地规划许可①、工程建设许可②、施工许可③和竣工验收④等 4 个主要阶段。六城市的“多测合一”改革，均将竣工验收阶段的测绘事项进行了整合。在此基础上，上海市与杭州市覆盖了更多阶段。上海市“多测合一”改革整合了工程建设许可和竣工验收 2 个阶段的 7 个事项；杭州市则覆盖了立项用地规划许可、工程建设许可、竣工验收 3 个阶段的 11 个事项。

二是统一测绘标准，出台操作规程。为着力解决测绘标准不一致的问题，上海、北京、重庆和广州分别出台地方技术标准，在测量操作标准化、面积计算规范化等方面进行了初步探索。而浙江省更进一步，率先制定并发布技术规程⑤，不仅统一了工程测量和房产测量的建筑面积计算规则，还统一了用地、规划、消防、绿地、人防和地下管线的测量内容与技术要求，真正解决了项目测绘标准不统一、面积计算不一致的问题。

---

① 立项用地规划许可阶段主要包括项目审批核准、选址意见书核发、用地预审、用地规划许可证核发等。

② 工程建设许可阶段主要包括设计方案审查、建设工程规划许可证核发等。

③ 施工许可阶段主要包括设计审核确认、施工许可证核发等。

④ 竣工验收阶段主要包括规划、土地、消防、人防、档案等验收及竣工验收备案等。

⑤ 2018 年 7 月 1 日起施行的《建筑工程建筑面积计算和竣工综合测量技术规程》（DB33/T 1152-2018）。

三是提高测绘效率，节省委托费用，缩减测绘时间。“多测合一”改革在提高测绘效率、节省委托费用、缩短测绘时间方面成效显著。对上海、杭州两市的调查数据显示，“多测合一”改革实施以来，杭州市测绘合同费用平均降低约 24.6%，工期缩短约 22.3%①；上海市测绘总体作业量减少了 20%~30%，费用减少了 15%~20%②，改革减少了建设单位与测绘机构的业务沟通次数和合同签订周期，大大提升了作业效率。

（二）“多测合一”改革的杭州模式与上海模式

杭州市早在 2016 年就开始在工程建设项目涉审测绘领域探索推行“多测合一”，上海市 2018 年开始推进“多测合一”改革，体现了两类具有代表性的改革思路（见表 6–2）。杭州模式依托浙江省新型基础测绘体系的优势，从“测绘标准合一”入手，以“一把尺子量到底”为主要特征，从根本上实现了测绘领域技术标准的统一。上海模式从“测绘机构合一”出发，以“一家机构测到底”为主要特征，一次委托、成果共享，是在相关测绘技术标准尚未完全统一情况下的折中选择。

表 6-2　杭州市与上海市“多测合一”改革模式对比

城市		杭州市	上海市
整合测绘事项	工程建设许可阶段	1.勘测定界测绘	—
	施工许可阶段	2.建（构）筑物定位测量；3.建设工程规划验线；4.正负零检测；5.不动产权籍预调查	1.开工放样复验检测
	竣工验收阶段	6.规划核实测量；7.消防核实测量；8.人防核实测量；9.绿地面积确认测量；10.地下管线测量；11.不动产权籍调查（包括权属调查、宗地测量和房产测量）	2.竣工规划资源验收检测；3.消防测量；4.民防工程面积测绘；5.绿地面积测量；6.机动车停车场（库）测量；7.房产平面测量

① 资料来源：对杭州市 15 个综合测绘项目的测绘收费和出具测绘报告时间等数据的调查。
② 资料来源：对上海市部分测绘服务机构的调查。

续表

城市	杭州市	上海市
涉及主管部门	4部门：杭州市规划和自然资源局、杭州市城乡建设委员会、杭州市人民防空办公室、杭州市园林文物局	7部门：上海市规划和自然资源局、上海市住房和城乡建设管理委员会、上海市交通委员会、上海市绿化和市容管理局、上海市民防办公室、上海市房屋管理局、上海市道路运输管理局
统一技术标准	已出台：《建筑工程建筑面积计算和竣工综合测量技术规程》DB 33/T 1152-2018	发布技术规程与成果标准：《上海市建筑工程“多测合一”技术规程》（沪规划资源测〔2018〕15号），《上海市建筑工程“多测合一”成果标准》（沪规划资源调〔2019〕400号）。《上海市建筑工程“多测合一”技术标准》正公开征求意见
推动数据共享	已实现统一标准下的数据共享互认	未完全实现，测绘单位需将数据整合后分头上报

资料来源：根据调研资料整理。

注：截至 2022 年 9 月。

杭州市整合一套测绘标准，率先发布成果样板，清除“多测难合一”的根本障碍，形成“一把尺子量到底”的杭州模式。为切实解决测绘领域相关技术标准规定众多、互不兼容的问题，杭州市规划局于 2016 年底就组织起草《规划测绘技术规定》，探索整合定位测量、正负零检测和竣工规划核实测量 3 类作业的测绘标准。2018 年，浙江省在杭州等地试点经验的基础上，发挥全省统一测绘管理体制的优势，制定浙江省通用技术规程；杭州市印发了《杭州市工程建设项目“竣工测验合一”操作细则》，在全国率先建立起一套建筑工程竣工联测联核的标准体系，统一了全过程的建筑面积计算规则，消除了规划审批、工程测量与房产测量建筑面积计算标准不一致、不同部门审批数据对不上、行政监管不闭合的“顽疾”，为全面推进“多测合一”改革奠定了标准基础。在此基础上，杭州市还率先编制了测绘成果报告示例样本，建立了综合测绘中介机构名录库①，建设了综合测绘管理系统，实现“云上下载、网上报送、系统辅助质检、成果入库、实时共享、动态评价”等六大功能。

上海市要求工程建设项目全流程涉及的各项测绘服务委托一家测绘服务机构承担，形成“一家机构测到底”的上海模式。上海市“多测合一”改革的主要模式是由一家具备相应测绘资质的服务机构整体接受委托，承担规划土地、消防、交通、绿化市容、民防等各项测绘服务，从而避免重复测绘，实现“一次委托、成果共享”。按照“非禁即入”的市场准入原则，符合条件的测绘服务机构均可进入“多测合一”服务市场开展业务，建设单位可以自主选择。上海市规划和自然资源局建立并公布“多测合一”服务机构名录，公开所有单位的资质等级、证书编号、业务范围、联系方式等信息，并实行动态管理。

二、“多测合一”改革的主要问题及其原因

现阶段“多测合一”改革在缩减企业测绘时间成本、避免重复测绘、提高工程建设项目全流程测绘审批效率等方面起到了积极作用，但仍存在一些突出问题亟待解决。

---

① 截至 2022 年 6 月，杭州市综合测绘中介机构名录库共有测绘单位 172 家，其中甲级单位 16 家、乙级单位 156 家。

一是工程测量与房产测量的标准尚未统一。目前，绝大多数城市在工程测量和房产测量时仍需使用不同的技术标准和规范，这是制约“多测合一”改革进一步深化的瓶颈。具体而言，在工程建设和竣工验收阶段的建筑面积计算采用《建筑工程建筑面积计算规范》（GB/T 50353-2013），而在不动产登记时的面积计算需依据《房产测量规范》（GB/T 17986-2000）。两个国家标准在阳台、墙体、屋檐、挑空等面积计算上的标准规则不一致，导致同一幢建筑的竣工规划验收测量面积和房产测绘面积存在差异，影响不同部门行政审批对数据的认定和整合。由于无法突破上位法规的限制，各城市在统一“多测合一”的技术标准规范上改革空间有限，仅能制定地方性补充规定。有的地方行政审批部门担心统一计算标准将影响房屋不动产权面积的认定，关系到老百姓的切身利益。大多数城市的“多测合一”按照上海的“测算分离”模式操作，各项测绘服务委托一家机构承担，由测绘服务机构根据不同标准计算面积，出具多本成果报告，提交给不同主管部门。

二是“多测合一”改革整合事项成果不充分。多数城市目前的“多测合一”改革仅整合了竣工验收阶段的工程测量与房产测量事项，尚未实现工程建设项目全流程测绘事项的“合一”。由于我国测绘管理工作长期以来一直以行政主管部门分工为划分基础，一方面，工程测量与房产测量历史上分属不同部门管理，“合一”改革涉及部门职责权限的重新协调，突破难度大；另一方面，全流程的“合一”还涉及交通、绿化、人防等多个部门，部门间数据成果共享动力不足、机制建立难、协调成本高。

三是测绘机构关于“多测合一”经验积累不足。目前各地对“多测合一”的测绘机构名录管理多采用备案制，即持有相关测绘资质证书的测绘机构，具备工程测量和不动产测绘的专业要求，拟从事“多测合一”业务，凡符合资质条件的均可向主管部门提出申请后进入市场。改革前多数测绘机构仅专精某几个测绘事项开展业务，改革后为了被纳入“多测合一”名录申请获得了资质，却并未积累充分的经验。调研中企业反映，部分“多测合一”测绘服务机构对于专业科目实施细则经验不足，例如，过去主要进行工程测绘的服务机构对于房产测量的操作不熟悉，实际服务质量不尽如人意，企业反而更倾向于分头委托。

四是竞争开放的测绘市场尚未培育起来。多地企业反映，目前测绘服务市场仍存在一定程度的不公平竞争。一方面，一些地方的测绘市场并不向外地测绘单位开放；另一方面，部分测绘机构本身是行政审批部门下属事业单位，或由事业单位转企改制而成，具有较好的基础，在专业测绘领域积累了丰富经验和影响力。“多测合一”改革后，测绘市场形式上放开，实质上部分中介服务机构尚未与审批部门完全脱钩，依然掌握一定垄断性资源，既是行政审批资源的所有者，又是市场竞争的参与者。某市企业反映，房产测绘是制约该市“多测合一”改革的主要瓶颈。该市只有各区房管局下属事业单位持有房屋权属调查系统密钥，其他测绘机构均没有，只能按照“测算分离”模式操作。大部分企业选择委托一家测绘服务机构完成“多测合一”工作，再委托一家房屋调查机构完成房产测绘；由于房产测绘市场的垄断性强，存在耗时长、收费高等问题。

三、“多测合一”改革的政策建议

一是建议统一“多测合一”技术规范和成果标准。从国家层面梳理并统一“多测合一”的技术规程、面积计算标准、基础数据库标准、成果标准规范等，是进一步全面深化“多测合一”改革的根本方式。建议相关部门加强协同，从全国角度出发，统一面积计算规则，加强“多测合一”涉及的测绘标准和测量规范的衔接性、一致性，推动《工程测量规范》《建筑工程建筑面积计算规范》《房产测量规范》《地籍测绘规范》《城市测量规范》等各类标准的整合、更新、完善、废除。

二是进一步强化整合“多测合一”改革的事项成果。一方面，扩大改革覆盖的测绘事项范围，复制推广上海、杭州等市经验，将工程建设项目全流程的测绘事项纳入“多测合一”中。综合纳入立项用地规划许可、工程建设许可、施工许可阶段的勘测定界、开工放样复验等测绘项目，结合地方实际梳理改革范围，而不仅仅局限于竣工验收阶段的测绘事项。另一方面，加快测绘成果共享，打破信息壁垒，通过“多测合一”信息系统平台，实现测绘数据的统一汇集，借助数字化信息化手段，将数据交换给相关审批主管部门，推动“多测合一”成果在各主管部门间的共享互认。

三是强化测绘机构质量责任，加强事中事后监管。加强“多测合一”项目质量的监管，完善制度，加强诚信体系建设和名录管理工作。可借鉴上海、杭州等市的相关经验，如对测绘服务机构和从业人员实行信用分级分类管理，建立信用档案，并将不良信用信息予以公示。通过建立对测绘机构资质证书、收费标准、测绘成果等指标的跟踪监管机制，引入量化考核、“黑名单”制度、信用评价制度等，对测绘机构进行“有进有退”的动态监管，提高测绘成果质量和测绘服务水平。加强对“多测合一”成果质量的事中事后监管，引导测绘行业高质量可持续发展。

四是加快培育竞争、公平、开放、有序的测绘中介市场。一方面，鼓励各地进一步放开测绘市场，及时清理、取消行业性保护政策，深入推进测绘中介机构与主管部门脱钩，消除垄断，扩大市场竞争。行政审批部门不得通过暗示等方式变相指定测绘服务机构，不得通过强制划分服务区域等手段变相实施垄断，需加大反垄断和反不正当竞争执法力度，营造公平竞争的测绘市场环境。另一方面，规范测绘市场竞争秩序，依法加大对如地域歧视、恶意压价等不正当竞争行为的处罚力度。

执笔人：马晓白　刘小溪

第七章

数字政府建设应树立“数据只提供一次”原则

推进数字政府建设，持续优化营商环境，应树立“数据只提供一次”原则。“数据只提供一次”原则，指政府在提供政务服务、实施监管执法等场景中，需要企业群众提供数据的，只需在一个窗口或一个系统向一个部门填报一次，无须多头、多次提交，相关部门依法收集数据、共享数据，同时保障数据安全。“数据只提供一次”原则的核心是坚持以人民为中心，以企业群众的获得感为第一标准，对政府业务流程进行系统性重构和革命性再造，打破数据壁垒，倒逼实现数据跨部门、跨地区、跨层级、跨系统、跨业务的开放共享。尤其是在加快培育数据要素市场的发展方向下，“数据只提供一次”原则有利于落实政府数据的开放共享，提高数据信息价值，强化数据管理和安全保护。

一、为什么应树立“数据只提供一次”原则

目前，数据多头重复填报已成为数字政府和营商环境建设的堵点、痛点、难点。企业、群众和基层干部对“系统报表繁、多头填报、重复填报、口径不一”等现象反映突出。

一方面，同样的数据需要重复提交给不同部门。例如，调研某市不动产登记时发现，交易、缴税和登记 3 个环节分别由住建、税务和不

动产登记部门办理，办事人需要往返于不动产登记中心和主管税务所依次办理网签、核税、缴税和登记过户，向不同部门重复提交身份证、合同、不动产权证明等材料。又如，2019 年北京市政务服务管理局在清理市、区两级政务服务事项时，发现 21886 份可精简的申报材料，精简比例达到 60%。再如，个别地方将精准扶贫变成“精准填表”，同一表格填 9 遍，有的贫困户身份证号就填了上百次，大量扶贫精力被浪费。

另一方面，同一部门内部系统重复建设，需要反复报送数据。例如，国家卫生健康委员会 2019 年在基层减负的文件中指出，仅卫生健康委内部就有 200 余个信息系统，一半以上可以清理整合。又如，浙江省某市行政服务中心对接了市级部门系统 33 个、省级部门系统 33 个、国家部委垂直管理系统 34 个；江苏省某县一个部门的办件系统达 6 个。实际中各部门、各地区存在大量业务重叠、分散独立的信息系统，一些“僵尸”系统没有开展统计分析、长期处于空置状态、运行维护停止，甚至仍要求基层报送相关数据。

数据多头重复填报严重降低了企业、群众的办事效率和获得感，既加大了基层负担，又弱化了营商环境改善效果。同时，数据多头重复填报也影响数据的真实性、一致性和准确性，不同部门对同一数据的标准和口径不同，导致同一指标的统计数据不一致。

二、“数据只提供一次”的主要障碍

近年来，各地区各部门积极深化“放管服”改革，持续优化营商环境，大力推进“减材料、减环节、减时限、减次数”，让“数据多跑路、群众少跑腿”，涌现出上海“一网通办”、浙江“最多跑一次”、广东“数字政府”等先进经验。然而，数据信息壁垒难以破除的深层障碍依然存在。

一是历史形成的发展模式缺乏统一明确的顶层设计。长期以来，在条块分割的管理体制下，“互联网＋政务服务”形成了以部门为中心的发展模式。各地区各部门分级负责本地区本部门平台系统建设、安全保障和运营管理，所需经费也分别由各级财政负责，导致各部门的信息系统基本上处于相互独立、分散开发、垂直发展的状态，各地政务服务平台建设存在管理分散、发展不平衡、办事系统复杂、事项标准不统一、责任划分不明确等问题。条块分割的数据信息分散在不同部门、地区、层级的不同系统内，历史数据通常又以纸质形式存储在档案库中，无法实现互联互通，“数据烟囱”“信息孤岛”的问题长期难以解决。跨地区、跨部门、跨层级的数据共享仅停留在目标要求上，缺乏清晰明确的顶层设计、行动方案和技术路径，对存在的具体问题也缺乏解决方案和操作方法。

二是部门利益难以破除。一些部门视数据为“私产”，认为数据共享将威胁到部门利益和资源管控；数据的开放共享意味着行政过程的透明化，将导致有关部门失去审批流程中对政务信息的垄断，部门权力难以实现。目前跨部门数据共享的协调和问责机制并不完善，一些部门担心出现数据泄露、数据误用、数据失真等问题后的追责、担责风险。还有部门认为数据共享会增加额外的工作量，工作成果又不体现在绩效考核中，缺乏激励机制，主动共享的动力不足。

三是线上线下集成融合程度不够。调研发现，超过70%实体政务服务大厅的综合审批管理平台与各地的互联网政务服务平台管理机构不统一，系统自成体系互不关联，导致线下业务对线上审批的认可度较低。例如，在某市线上平台预约某项业务，根据办事指南填写了相关信息，取得了网络预约号，到现场却得知网络预约号不可用，重新在大厅取号排队后发现线上平台的信息滞后，提供的材料清单不准确，还需重新准备材料，线下“又多跑一次”。另外，线上线下服务标准不一致，线上平台相比线下大厅服务事项细化程度低。各地线上政务服务平台主要提供办事指引、线上预约、材料预审、结果查询等基本服务，据首次全国政务服务体系普查数据显示，真正实现从申请到办结全流程线上办理的事项比例不足5%①。

四是数据共享的标准规范不统一。人口、法人、电子证照等基础数据的共享缺乏国家层面的统一标准，数据的采集、存储、整合、对接、传输、共享、开放、应用和安全等也缺乏统一规范。同一政务服务事项在不同地区、层级的基本要素不完全统一，不同部门按照各自标准和职能权限收集数据，“数据只提供一次”缺乏标准基础和支撑体系。例如，由于国务院相关部门对土地产权面积和建筑面积的测绘标准不统一，导致“多测合一”无法在基层落实。以阳台面积为例，有的标准算半面积，有的算全面积，企业只能按照不同标准测绘出多个结果，再分别报送给不同部门。

五是相关法律法规制度不健全。目前实践中存在一系列与“数据只提供一次”原则不相适应的法律法规和规章制度。尽管《国务院关于在线政务服务的若干规定》明确了电子签名、电子印章、电子证照、电子档案的法律效力，但缺乏部门和地方配套政策支持，很多部门和地方在实际办事时仍要求提供纸质材料。此外，在平台建设运营、数据共享、业务协同、网络安全保障等方面缺少完善的法规制度和配套政策支撑。

---

① 国务院办公厅政府信息与政务公开办公室：《全国综合性实体政务大厅普查报告》，2017年11月。

三、爱沙尼亚“数据只提供一次”的国际经验

爱沙尼亚通过完善顶层设计和法律法规、建设全国一体化的公共服务平台和数据交换网络等举措极大地促进了数字政府建设和营商环境优化，实现了企业居民办事“数据只提供一次”的改革目标，对于我国加快数字政府建设具有启示借鉴意义。

（一）加强顶层设计，在法律层面确定“数据只提供一次”原则

爱沙尼亚数字政府建设的起点是将数字化、信息化建设作为国家重点发展战略。1992 年，爱沙尼亚就将电子化作为五大重点改革领域之一，从一开始就按照“开放透明、隐私保护、强调安全、注重未来”的理念进行规划，制定了《信息政策原则》《信息社会发展战略》等政策文件，强调数字政府建设的整体性、系统性、安全性。自 2000 年以来，先后通过了《数字签名法》《公共信息法》《个人信息保护法》等一系列法律法规，为数字政府建设提供清晰路径和法律保障。

爱沙尼亚所有政府机构及公共部门的信息系统和服务都必须遵循《公共信息法》，其中确立了“数据只提供一次”原则：在开发信息系统时，首先定义哪些是主要数据，哪些是次要数据；主要数据国家只能向数据提供者询问一次，而次要数据则从已有的其他信息系统中获取。法律规定，在数据库建立时必须设定基础数据，须对其他信息系统开放共享，使用其他信息系统的基础数据也是一项强制性义务。

（二）建立全国统一的数据共享平台系统

开源数据库设计与区块链技术加持，构建安全、共享、高效的数据体系，推动数据开放共享。2001 年，爱沙尼亚开发了在线数据共享平台系统（X-Road），连接整个国家公共部门和私营部门的各种信息系统，实现数据的互联互通和协调运行。

在线数据共享平台系统是数字爱沙尼亚的支柱，具有以下特点：①唯一性，以在线数据共享平台系统作为数据集散中心，所有数据库必须将其作为唯一的通道接入。②分散存储，没有中央数据库，数据分散存储在不同收集和管理机构，使用在线数据共享平台系统进行连接。③安全性，系统依靠区块链技术的核心——无钥签名基础构架（KSI），输出数据经过数字签名和加密，输入数据经过身份验证和记录，确保数据真实完整且不可篡改。④分类授权，将用户区分为普通用户、管理者以及特定使用者，并对不同用户赋予相应权限。政府机构只能在其权限范围内查看其有权查看的信息，且用户可以通过日志文件查看政府如何使用这些信息。⑤多边主义，部门首先要与爱沙尼亚信息管理局签订协议，成为系统成员后才能获得访问凭证；之后需要与请求数据的部门达成协议，还需确保具备数据交换的技术和操作能力。⑥标准化，尽可能使用国际标准和协议进行开发和管理。

目前，该系统已连接近 650 家企业和 500 个公共服务部门，提供超过 3000 项服务，年业务量达 13 亿次，被应用于人口、银行、医疗、纳税、电信等多个方面，构建了不同系统、部门间数据共享的交换平台和通道，通过数据互联互通有效实现了企业居民办事“数据只提供一次”。

（三）融合线上线下，推动在线办理

推广全国一体化的在线服务平台（e-Estonia），推动公共服务全面线上办理，以全方位、多层次、一体化的在线服务平台，为民众提供高效便捷的公共服务。在爱沙尼亚，除了结婚、离婚，其余公共服务均可网上办理。居民只需将自己的身份信息输入电脑，便可办理包括司法、投票、教育、医疗、银行、税务等所有的公共服务。以税务申报为例，在线税务申报率超过 95%，平均在线税务申报时间为 3 分钟。

电子身份证是政府推动在线服务的重要基础，爱沙尼亚拥有目前世界上最发达的身份证系统，唯一、强制的电子 ID 为所有“无纸化”服务提供了必要条件，间接推动实现“数据只提供一次”。2002 年，爱沙尼亚开始向每个 15 岁以上的居民发放带有芯片的身份证，一同颁发的还有两个 PIN 码，一个用于身份验证，一个用于授权。居民可以通过身份证安全地访问 99% 的在线服务平台和享受 2773 项经由在线数据共享平台系统的服务，授权居民通过数字签名验证合法交易和文件，有效解决了在线服务的身份识别难题。

四、加快推进数字政府建设的政策建议

建议将“数据只提供一次”作为推进数字政府建设的基本原则，列为下一步“放管服”改革和优化营商环境的重点工作。既要减轻企业群众负担，又要激活“数据要素”，将“数据服务”列为各部门的公共职能。

一是加强统筹规划，强化顶层设计。建议由行政、法律、技术等相关领域专家组建工作组，全面梳理现有的系统架构和法规标准，从国家层面明确目标任务、职责分工，分阶段制定行动方案和技术路线，统筹规划基础设施、数据资源、业务应用、综合保障等内容，构建大数据慧治、大平台共享、大系统共治的顶层架构。在执行层面，构建跨部门的数据共享委员会，协商决策复杂问题，明确权利责任边界，建立具有统筹协调能力的数据治理体系。

二是建立健全标准规范，严格数据分类授权。构建数据共享的标准规范体系，建立数据收集、业务协同、技术应用、安全运维、系统集成等标准。加快政府数据编目管理、平台系统开发、数据传输交换、数据分析利用等方面技术标准的建设，形成一套既保障数据安全又具有可操作性的技术架构和标准体系。参考国际先进经验，综合运用大数据、区块链等技术，对数据信息实行分级分类管理授权，明确数据采集、传输、存储、使用、共享、开放等环节的主体责任和技术要求。

三是加快完善相关法律法规，破除数据共享制度障碍。通过法律法规赋予相关政府部门收集企业和公民数据的权力，同时明确数据存储、更新和提供服务的责任。抓紧梳理与“数据只提供一次”原则不相适应的法律法规和规章制度，加快“立改废释”，逐步消除电子化归档的法规制度障碍。推动完善数据安全保护的法律法规，加强对涉及国家利益、公共安全、商业秘密、个人隐私等重要信息的保护和管理。建立有效的数据管理机制，包括激励、监督、问责机制等，将数据共享结果作为绩效考核的一部分。

四是坚持试点先行，强化示范引领。在总结前期国家电子政务综合试点经验的基础上，考虑在部分有基础有条件的地区（如北京、上海、浙江、广东等）对树立“数据只提供一次”原则先行试点，在业务协同、数据共享、流程优化等方面积极探索、不断创新，以试点放权破解难题、总结做法，分步推进、逐步完善。建立试点示范和推广机制，鼓励各地在顶层设计框架下创先争优，形成最佳实践并在全国推广复制。

执笔人：马晓白　王明辉　许垚　王誉霖　刘小溪

第八章

利用政府采购促进中小企业发展

中小企业是推动国民经济发展、促进社会稳定的基础力量。世界各国都高度重视中小企业促进工作，政府采购是其中的重要手段。利用政府采购促进中小企业发展，需要克服两个关键障碍：一是政府采购的制度门槛高，如信息不透明、程序复杂、竞标和履约成本高等。二是中小企业能力不足，如经验不足、缺乏专业人才、难以承担竞标和履约成本等。我国相关部门和一些地方开展了大量制度创新，形成了大量经验，主要体现在为中小企业参加政府采购提供优惠、简化中小企业交易手续、为中小企业履约提供资金支持 3 个方面。进一步总结和推广这些经验，可以为中小企业发展创造良好营商环境。

一、进一步落实政府采购中对中小企业的优惠

预留份额和评审优惠是政府采购促进中小企业发展的通行做法。财政部、工业和信息化部于 2011 年印发了《政府采购促进中小企业发展暂行办法》，制定了预留份额和评审优惠的具体措施。该办法实施以来取得了显著成效，为越来越多中小企业参与政府采购活动创造了优越条件。2020 年底，财政部、工业和信息化部印发了《政府采购促进中小企业发展管理办法》，针对政策执行中存在的预留份额措施不够细化、

采购人主体责任不明确等问题，进行了进一步修订完善，细化了政府预留份额的具体方式，完善了政府采购项目价格评审优惠的具体方法，进一步提升了政策的可操作性。各地在落实国家政策过程中，需要结合本地实际，切实落实预留份额和评审优惠。从各地实践看，可以借鉴3个做法：

一是根据地方实际制定和落实预留份额比例。有些地区根据本地实际需要适当调高预留份额比例，例如，北京市根据本地实际情况调高了预留比例，规定向中小企业预留的采购份额应当占本部门年度政府采购项目预算总额的40%以上，其中预留给小型微型企业的比例不低于70%。有些地方扩大预留给中小企业项目覆盖范围，例如，江苏省对超过400万元的货物、服务和工程采购项目中适宜由中小企业提供的，要求各级采购人预留该部分采购项目预算总额的40%以上专门面向中小企业采购。一些地方实行分类预留，例如，上海市对200万元以下的货物和服务采购项目、400万元以下的工程采购项目，除规定不适宜由中小企业提供的情形外，要求预留给中小企业，预留措施为采购项目整体预留；超过200万元的货物和服务采购项目、超过400万元的工程采购项目，由主管预算单位统筹，对于适宜由中小企业提供的采购项目，按规定比例预留给中小企业，预留措施可以是整体预留、预留采购包、联合体形式预留或合同分包形式预留。有些地区采取有效措施落实预留份额比例，例如，杭州市直接将“预留份额”加入工作流程中，在预算编制系统中嵌入“预算采购份额”功能，从预算编制源头保障采购人落实预留份额政策。

二是提前公开政府采购意向。从2020年开始，财政部在中央预算单位和北京市、上海市、深圳市市本级预算单位开展政府采购意向公开工作试点，按照“试点先行，分步实施”的原则逐步推进政府采购意向公开。试点城市创造了很多好经验，以深圳为例，主要做法包括：统一公布年度采购意向时间；统一在指定若干重要网站同步公开发布；新增或变化项目原则上至少提前 30 日单独公开采购意向且公开渠道以及模板不变；将采购意向信息专栏设置在网站突出位置；向所有在深圳市政府采购网注册的供应商发送提示短信告知采购意向信息公开网址等。一些省市虽然没有被列入国家试点，但积极对照国家标准自行开展试点，例如，杭州市主动在全域开展采购意向公开，与国家首批试点城市保持同步，自 2020 年 4 月以来公布了数千条采购意向。提前公布采购意向，不仅有利于提升政府采购效率，也方便大量中小企业获得参与机会。另外，一些城市如天津还制定政府采购负面清单，全面实行采购意向公开。

三是细化价格评审优惠。例如，江苏省加大对小微企业价格评审优惠幅度，要求采购人根据采购需求、项目标的特点、市场竞争程度等因素合理确定价格评审优惠比例。上海、内蒙古等地也积极落实 2022 年财政部《关于进一步加大政府采购支持中小企业力度的通知》，将货物和服务采购项目给予小微企业的价格扣除优惠提高至 10%~20%。柳州等城市“顶格”调整中小企业的评审优惠幅度。

四是加强优惠政策的宣传与培训。调研发现，大量中小企业不了解政府采购的预留份额和评审优惠政策，在一些地区甚至是普遍现象。一些地方加强了政策宣传，取得了较好效果。例如，杭州市制作“政府采购小课堂”视频，通过“学习强国”平台发布慕课；编导动漫片，在地铁全线站点定时播放。广州市人民政府除了向社会公众开展宣传，还向有意参与政府采购活动的中小微企业提供专业培训讲解，必要时请专业机构提供协助。这些宣传工作发挥了重要作用，让国家对中小企业的鼓励政策落到实处。

二、简化中小企业参与政府采购的交易手续

简化交易手续可以大幅降低中小企业参与政府采购的成本。过去政府采购在招投标和履约方面制定了复杂的程序，主要目标是防止腐败和保证政策的有效实施。数字技术为简化手续创造了有利条件，简政放权改革为简化手续提供了强大动力。近几年来，一些地方推行“网上交易”“大数据监管”“信用监管”，大幅简化了交易手续。根据各地的实践做法，建议积极探索以下 4 类措施：

一是推行全流程电子化交易。最近几年，全国各地都在推行政府采购电子化交易，其中一些城市在全流程电子化方面取得了明显进展。例如，北京市建立全市统一的全流程电子化交易平台，实现北京市政府采购业务“一个平台、一次注册、一套标准、一网办理”，企业参与政府采购，无论是市级还是区级项目均实现全流程电子网上交易。不同部门信息共享，特别是政府采购与预算系统、国库支付系统数据共享，实现政府采购从预算、计划、交易到合同签订、资金支付、履约验收“一网通办”，实现政府采购与市场监管、税务、社保、信用系统的互联互通，方便企业查询“黑名单”信息。杭州市为了全面推动全流程电子化采购，取消所有线下环节。应用在线公告、在线抽取专家、远程投标、电子开评标等功能，大幅提升效率、降低成本，项目采购从原先的 40 天左右缩短至 23 天，实现招标、投标、开标、评标的全流程在线完成，打造“不见面”招投标。广州市着重推进全流程电子化，实现在线发布采购意向、采购公告，提供采购文件，提交投标（响应）文件，电子开标、电子评审，在线办理招标答疑、资格预审、缴纳服务费、修改招标

文件、书面通知中标结果等所有相关手续。上海市印发了《上海深化公共资源“一网交易”改革三年行动方案（2021—2023年）》。全流程电子化降低了中小企业参与采购的成本，但对政府部门在共享数据、重组流程方面提出了较高要求。另外，一些地方推动电子交易一体化促进公平竞争，例如，安徽省整合省内公共资源交易平台，首创“省市共建、市县一体”平台整合模式，解决平台分散、地方保护和市场分割问题。

二是简化身份证明手续。中小企业量大面广，过去办理身份证明给企业和政府部门带来了大量的工作，是参与双方都深感头疼的手续。在信息技术支持下的简政放权改革，极大地降低了办事成本。例如，北京市建立以“区块链”为核心技术的政府采购交易系统，对企业实行“承诺+信用”备案准入机制。杭州市推广供应商“注册制”进驻，供应商提供《中小企业声明函》后直接进驻并参与政府采购活动。在广州市，通过供应商书面承诺声明、相关主管部门官网查验等方式能够进行证明的事项，可以不再要求供应商提交财务状况报告、依法缴纳税收等相关材料。在这些城市，企业做出诚信声明即可，无须提供相关证明材料，事中事后的监管发挥强大的监督作用，企业信用监管是简政放权的基础。

三是取消和降低投标、履约保证金。投标和履约保证金有利于政府招标部门提升履约水平，但给参与政府采购的广大中小企业带来了一定的资金压力，因此在简政放权改革中，一些地方率先对比进行了改革。例如，2019年杭州市为了减轻企业负担和改变保证金制度执行较为混乱的局面，全面取消投标保证金，督促代理机构清退已收取的投标保证金超1亿元，履约保证金比例已由法定的不超过合同金额的10%降为不超过合同金额的1%，鼓励单位免收或者降低履约保证金缴纳比例，并鼓励供应商以保函形式提交履约保证金，中小企业参加政府采购制度性成本“清零”。深圳市也于2019年8月停止收取投标保证金和履约保证金，市政府采购中心为所有注册供应商开放投标权限，同时全部清退已经收取的投标保证金和履约保证金。一些经济相对落后地区也开始取消清退政府采购项目中小微企业的投标保证金和履约保证金，例如，河北省全面取消投标保证金，截至2022年7月省本级累计减免近6000家中小微企业投标保证金约2亿元。柳州市对小型和微型企业实行免收履约保证金。虽然取消了保证金这一重要保障手段，但政府部门手头仍然掌握“企业信用”这个更加强大的工具，为促使企业履约提供足够的保障。

四是降低交易成本。一些地方采取多种方式降低中小企业参与政府采购的成本。例如，北京市打破行政级次限制，实现集中采购供应商入围结果“全市共享”，对于协议定点供应商，企业只需要参与一次招标，结果“全市共享”，改变两年一个周期招标的做法，实现不定期多次备案，增加企业参与机会。实现限额以下项目网上直采，进一步降低企业参与成本，充分竞争，加大市场活力。杭州市实现在线开评标，采购文件全部在线提供，不收取文件工本费，为企业节省投标文件印制和投标人员差旅等费用。

三、为中小企业履约提供资金支持和权益保护

为中小企业提供履约资金支持可以大幅提升中小企业的履约能力。中小企业规模小、实力弱，融资难、融资贵是我国中小企业长期存在的突出问题。在政府采购中，为中标企业提供资金支持，不仅提升了中小企业的履约能力，还有效避免了商业风险。根据一些地方的实践经验，建议推广以下3类措施：

一是实行政府预付制度和数字化、智能化结算管理。政府预付既有利于提高中小企业的履约能力，也有利于政府加快预算执行速度。一些城市不断提高预付比例，例如，北京、厦门对中小企业预付款支付比例提高到不低于50%；一些城市实行预付分类管理，杭州市规定项目分年安排预算的，每年预付款比例不低于项目年度计划支付资金额的30%，鼓励和支持有条件的采购人在此基础上适当提高预付款比例；一些城市缩短资金支付周期，例如，北京支付供应商资金的时间由30天缩短至15天内，厦门要求5个工作日内支付预付款，7个工作日内付清尾款。另外，一些城市利用数字化、智能化技术提高结算效率，例如，杭州、天津推动财政预算管理一体化系统与公共资源交易中心电子交易平台数据对接共享，提高支付效率，杭州还建立了政府采购支付数字预警监管系统，对审核后5个工作日内未支付款项的，系统将发送预警，确保及时支付市场主体账款。

二是为政府采购提供信用贷款。拥有政府采购订单支持的信用贷款，实际上是风险极低的贷款产品，一些城市采取了大力支持的态度。例如，深圳市在全国首创“政府采购订单融资”改革，为中标供应商在信用贷款方面减负，推行线上信用贷款“秒放”；杭州市与银行合作探索“云采贷”，实现“在线申请、分秒放贷、随用随还”，供应商“一次也不跑”；天津市则直接对接中国人民银行征信中心融资平台系统，为参加采购的中小企业进行增信。

三是加大企业合法权益的保护力度。中小企业在政府采购中常常处于弱势地位，需要采取必要措施保护其合法权益。有的城市加强信息公开，例如，杭州市率先公布专家评审分值明细，切实保障供应商知情权，倒逼专家评审更认真仔细，维护供应商合法权益；有的城市严格失信管理，例如，北京市在采购合同中约定甲方延期返还履约保证金、延期支付款项及其他违约情形的赔偿性条款，再如，杭州市制定了《杭州市涉企补偿救济实施办法（试行）》，对在政府采购、招投标等领域，因政策变化、规划调整等不履行合同给企业造成损失的，建立补偿救济机制；有的城市建立信用修复机制，例如，天津市从修复条件、修复程序和修复责任等方面予以细化和规范；有的城市优化投诉机制，例如，天津市进一步明确投诉处理的规范化流程、时间节点，将一般案件的投诉处理时限缩短 5 个工作日，保障企业维权时效；有的城市强化采购监管，例如，厦门市对采购人、采购代理机构、评审专家和供应商常见问题实施风险提示，对采购人落实政府采购政策、采购代理机构执业情况、质疑投诉处理情况、专家违规行为等进行动态通报、督促。

执笔人：马淑萍　田柳

第九章

完善个体工商户扶助政策

个体工商户是我国数量最多的市场主体，既在稳就业、扩就业方面有重要价值，又最容易受到市场冲击[①]。我国高度重视个体工商户的健康发展，特别是新冠疫情以来，各地区各部门在税收、金融、社保等方面出台了一系列普惠性政策，有效降低了个体工商户税收负担、融资成本、社保压力、公用事业费用和房租开支，促进了个体工商户的稳定和快速发展。同时，调研也发现，个体工商户实际享受社保扶助政策的比例非常低，税收、融资等优惠政策相比小微企业要弱得多，亟须尽快加以完善。

一、个体工商户基本享受不到社会保险扶助政策

针对新冠疫情对市场主体造成的重大冲击，我国自 2020 年 2 月开始实施养老、失业、工伤三项社会保险费用“免减缓”政策[②]，有效纾解了企业困难、支持了稳岗扩岗。根据人力资源和社会保障部数据，截至 2020 年 11 月底，三项社会保险费“免减缓”政策惠及各类市场主体

① 据统计，截至 2022 年 8 月，我国个体工商户数量已经达到 1.09 亿户，占 1.63 亿户市场主体的比重约为 67%。

② 即免征中小微企业三项社会保险单位缴费部分，减半征收大型企业等其他参保单位三项社会保险单位缴费部分，允许生产经营出现严重困难的企业缓缴社会保险费。

达 1141 万户，合计减轻负担近 1.4 万亿元，平均每户减负超 12 万元。但是，相对于我国庞大的市场主体数量规模，社会保险“免减缓”政策的覆盖面并不大。截至 2020 年，我国实有市场主体达到 1.38 亿户，其中，企业 4331.4 万户、个体户 9287.2 万户。三项社保“免减缓”政策惠及市场主体占总量的 8.24%，考虑到大部分享受政策的市场主体为企业，可以合理推算出个体工商户享受“免减缓”政策的比例非常低，大量个体工商户基本覆盖不到。根据蚂蚁集团研究院 2022 年第一季度问卷调查数据显示，2022 年第一季度，享受社会保险“免减缓”和稳岗补贴政策的个体工商户占比只有 3.6%；其中注册个体工商户占比只有 3.2%，非注册个体工商户占比为 4.1%。

究其原因，一是个体工商户参加职工养老保险数量较少，不具备享受相关政策的条件。根据蚂蚁集团研究院 2022 年第一季度问卷调查显示，缴纳社会保险的个体工商户占比只有 14.9%，高达 85.1% 的个体工商户没有缴纳任何社会保险，其中未注册个体工商户有 86.6% 未缴纳社会保险，注册个体工商户有 84.0% 没有缴纳任何社会保险。显而易见，大多数个体工商户就业人员没有参加城镇职工养老保险，因而不能享受相关扶助政策。二是“自雇佣”个体工商户即使参保，也无法享受扶助政策。根据国家统计局数据计算，我国个体工商户平均拉动就业 2.14 人 / 户，大多数为个人店、夫妻店、师徒店、父子店等“自雇佣”形式。我国社会保险相关法律法规并未将无雇工个体工商户视作“用人单位”，因此，即使“自雇佣”个体工商户选择缴纳城镇职工社会保险，也无法享受“免减缓”政策。三是“自雇佣”个体工商户参加工伤和失业保险存在法律空白。根据人力资源和社会保障部数据，2021 年我国参加失业保险和工伤保险人数分别为 2.30 亿人和 2.83 亿人，占当年就业人员的比例分别仅为 30.75% 和 37.89%，参保率处于较低水平。

再加上《中华人民共和国社会保险法》等法律法规并没有对无雇工的个体工商户参加工伤保险、失业保险作出明确规定，“自雇佣”个体工商户一般不能参加失业和工伤保险，因而无法享受相关“免减缓”政策。

二、个体工商户所得税减免相对较少、缴纳相对较高

个体工商户和企业同为市场主体，但适用不同的所得税制度。企业所得税适用“企业所得税法”，法定税率为25%，个体工商户适用“个人所得税法”，采用累进所得税率，税率最高达35%（应纳税所得额大于50万元）。近几年，为减轻市场主体纳税负担，我国出台了一系列包含个体工商户在内的税收减免政策。以所得税为例，个体工商户所得额不超过100万元部分，减半征收。不过，相较于小微企业，个体工商户所得税缴纳金额相对较高，减免金额相对较低，比如在应纳税所得额为50万元时，个体工商户所得税减免金额和需要缴纳额度均为5.475万元；与之相比，小微企业分别为11.25万元和1.25万元（见表9-1）。

表 9-1 个体工商户和小微企业所得税比较 （单位：万元）

应纳税所得额	缴纳所得税（优惠后）		减免金额	
	小微企业	个体工商户	小微企业	个体工商户
200	12.5	49.225	37.5	14.225
100	2.5	14.225	22.5	14.225
50	1.25	5.475	11.25	5.475
30	0.75	2.175	6.75	2.175
9	0.225	0.375	2.025	0.375
3	0.075	0.075	0.675	0.075

续表

应纳税所得额	缴纳所得税（优惠后）		减免金额	
	小微企业	个体工商户	小微企业	个体工商户
1	0.025	0.025	0.225	0.025

资料来源：根据相关优惠政策计算。

注：截至 2021 年 9 月。

究其原因，主要是个体工商户适用的税率偏高和优惠力度相对偏低。一方面，个体工商户所得税累进税率本身存在“鞭打快牛”问题。我国个体工商户经营范围和规模不断扩大，一些个体工商户营业收入甚至高达数百万元。根据企业和个人所得税相关法律规定，相较于企业 25% 的所得税税率，个体工商户应纳税所得超过 30 万元即要承担 30% 的高税率。另一方面，个体工商户所得税优惠幅度较低。针对小微企业，国家出台了数轮所得税优惠政策，针对个体工商户的优惠政策相对较少，实际税负相对较高，比如应纳税所得额低于 100 万元时，小微企业税率减少高达 22.5%，个体工商户最高仅减少 17.5%；所得额超过 100 万元时，小微企业税率减少 15%，个体工商户不再享受优惠（见表 9-2）。尽管企业股东分红后，同样要遵循个人所得税制度，但从同作为市场主体的角度考虑，个体工商户和小微企业间的税负差异有必要逐步缩小。

表 9-2　　个体工商户和小微企业所得税实际税率

应纳税所得额（万元）	实际税率（%）		税率优惠（%）	
	小微企业	个体工商户	小微企业	个体工商户
大于100	10	35	15	0
（50,100]	2.5	17.5	22.5	17.5
（30,50]	2.5	15	22.5	15
（9,30]	2.5	10	22.5	10
（3,9]	2.5	5	22.5	5
小于等于3	2.5	2.5	22.5	2.5

资料来源：根据相关优惠政策计算。

注：截至 2021 年 9 月。

三、个体工商户融资难、融资贵的问题突出

围绕降低新冠疫情时期包括个体工商户在内的各类市场主体的融资成本，我国出台了一系列政策举措，包括保持稳定高效增量金融供给、做活存量金融资源配置、丰富普惠保险产品业务、着力优化金融供给结构等，有效降低了小微企业和个体工商户的融资成本。根据银保监会数据，截至 2021 年 4 月末，我国新发放普惠性个体工商户贷款平均利率约为 6.2%，较 2020 年同期平均水平下降超过 0.3 个百分点，个体工商户融资负担有所下降。但是，相对于其他市场主体，个体工商户融资成本高、融资规模小的问题仍较为突出。融资成本方面，银保监会数据显示，截至 2021 年 4 月末，同期新发放普惠型小微企业贷款平均利率为 5.65%，较个体工商户低 0.55 个百分点。融资规模方面，截至 2021 年 5 月，全国个体工商户贷款余额 5.5 万亿元，不到小微企业贷款余额的 1/3。

究其原因，主要是个体工商户抵押品较少、现代化经营能力欠缺、信用信息缺失。一是个体工商户抵押品较少，难以获得银行抵押贷款。我国近半数的个体工商户分布在批发和零售业，近 1/4 的个体工商户分布在住宿和餐饮业，这些行业进入门槛低、固定资产投入少，抵押品相对就少。二是个体工商户现代化经营能力欠缺，抗风险能力弱。相对于企业，个体工商户登记要求简单、成立门槛低，受市场波动影响大，贷款风险高，相关贷款利息也就高。三是个体工商户信用信息不完整。国家对个体工商户财务、运营、用水用电用气情况、银行流水等信用信息披露要求低，银行等金融机构难以根据公开信息作好个体工商户的信用评估，缺乏贷款依据。

四、多管齐下提升个体工商户扶助政策效果

针对相关扶助政策存在的问题及原因，建议坚持长短兼顾、分类指导、综合施策的原则，充分发挥个体工商户发展部际联席会议制度的功能，在全面评估和优化个体工商户扶助政策方案的同时，立足个体工商户作为市场主体的视角，持续完善个体工商户的社保、税收和融资政策。

（一）进一步优化已有的个体工商户扶助政策

立足个体工商户的市场主体视角，从个体工商户相关扶助政策的覆盖面、税费减免程度等入手，尽快优化已有政策。一是将无雇工个体工商户纳入社保“免减缓”扶助政策范围。对于按照城镇职工制度缴纳养老保险的无雇工个体工商户，同样按有雇工个体工商户标准免于缴纳或返还养老保险统筹账户部分。在免征失业保险、工伤保险期间，“视同”已经缴纳失业保险和工伤保险。允许新冠疫情期间未缴纳失业保险的个体工商户同样享有部分稳岗补贴。二是加大个体工商户“减税”幅度。以小微企业的税收优惠幅度和实际缴纳额度为衡量标准，制定形成针对个体工商户的“减税”方案，进一步降低个体工商户缴纳所得税比例和税率水平。三是实施个体工商户融资“利息补贴”制度。建议设立个体工商户融资“利息补贴”基金，综合评估个体工商户和其他市场主体的融资成本差距，为个体工商户融资提供“利息补贴”。

（二）明确将“无雇工”“自雇佣”等个体工商户纳入“用人单位”范围，打通社保扶助政策“中梗阻”

扩展“用人单位”内涵，消除“无雇工”“自雇佣”等个体工商户参保堵点和享受社保扶助政策难点。一是修订相关制度关于“用人单位”的界定。对劳动法、劳动合同法、社会保险法等相关法律法规关于参保主体的界定进行系统梳理和修订，明确将“自雇佣”“无雇工”个体工商户视作“用人单位”。二是允许“自雇佣”“无雇工”个体工商户自愿参加职工社会保险。尊重个体工商户自主选择，允许相关个体工商户自愿选择参加城镇职工养老保险、工伤保险、失业保险，消除“自雇佣”“无雇工”个体工商户参加职工社会保险的制度障碍。三是建立个体工商户参加职工社会保险补贴制度。对于选择参加职工社会保险的个体工商户，国家财政应予以支持，激励个体工商户积极参加职工社会保险。

（三）设定个体工商户所得税起征点制度和累进所得税税率封顶制度

充分利用个体工商户作为公民和市场主体的双重身份优势，秉承分类思路，建立体现个体工商户特点的“所得税制度”。一方面，设置个体工商户所得税起征点。针对体现为“无雇工”“自雇佣”等身份较为明显的个体工商户，参考“工资、薪金所得”缴纳所得税的起征点制度，设置个体工商户“经营所得”缴纳所得税的起征点，比如，年收入不超过6万元不缴纳所得税，高于起征点的所得额按累进税率缴纳所得税。另一方面，引入个体工商户累进所得税税率封顶制度。针对具有规模较大、雇工较多等一般性市场主体特点的个体工商户，在坚持个体工商户累进所得税税率制度的基础上，以企业所得税税率为基准，设定个体工商户所得税最高累进税率，逐步与小微企业看齐。

（四）以加快分类改革为突破口，破解个体工商户融资难题

提升个体工商户自身的现代化经营能力和信用水平是破解个体工商户融资难、融资贵的关键，要立足规模差异性，加快推进个体工商户分类改革，既要进一步“放活”“小体量”个体工商户，又要规范“大体量”个体工商户。一是对个体工商户进行合理划分。将特定营业收入以上（如100万元）、拥有较多雇用（如8人及以上）、可能具有重大市场影响、属于许可经营事项、有固定经营场所等的个体工商户视作“大体量”个体工商户；将特定营业收入以下、没有雇工或拥有少量帮手学徒、市场影响小、不属于许可经营事项、无固定经营场所或者在政府指定的固定地点经营等的个体工商户视作“小体量”个体工商户。二是深化商事制度改革，“放活”“个体类型”个体工商户。针对“小体量”个体工商户特点，积极试点注册备案制或免登记制度，降低“小体量”个体工商户市场准入门槛。进一步精简“小体量”个体工商户年度报告内容。三是以提高运营能力、提升信用水平为重点，规范“大体量”个体工商户。针对“大体量”个体工商户特征，要进一步加强注册、变更、注销等登记制度建设，规范个体工商户年度报告制度，做好个体工商户开展现代化经营的培训工作，提升运营能力和信用水平。四是循序渐进推进个体工商户分类改革试点。建议选择广东、浙江、江苏等个体工商户数量较多的地区作为试点，积极探索基于个体工商户“体量”的分类改革。

执笔人：许英杰　石颖

第十章

制订营商环境专项计划提振外资制造企业投资信心

外资是我国制造业发展的重要力量和国际循环的重要桥梁，提振外资制造企业信心，对于稳定当前经济大盘意义重大。建议在纵深推进营商环境优化工作中，制订外资制造企业营商环境专项计划，尽快扭转外资制造业投资下滑趋势。

一、外资制造企业对营商环境的总体看法

我们综合分析了日本、欧盟、美国在华商会近年的白皮书[①]，重点梳理了 11 个制造领域的企业诉求，并调研了相关商会，有两个重要结论：

外资制造企业已经感受到我国营商环境的巨大进步。日本是对华累计投资最多的国家，且 60% 以上的投资集中在制造业，根据中国日本商会发布的白皮书统计，过去 6 年日本制造业企业的政策诉求数量逐年递减，从 2016 年的 177 条降为 2021 年的 110 条（见图 10-1）。2021 年中国美国商会对成员进行了问卷调查，《中华人民共和国外商投资法》实施以来我国营商环境改善得到了广泛肯定，持肯定观点的企业数量是持否定观点企业数量的 14 倍。

外资制造企业对营商环境提出了更加深入的诉求。过去几年我国围绕

① 中国日本商会：《中国经济与日本企业白皮书》，2016—2021 年；中国欧盟商会：《欧盟企业在中国建议书 2021/2022》；中国美国商会：《美国企业在中国白皮书》，2021 年。

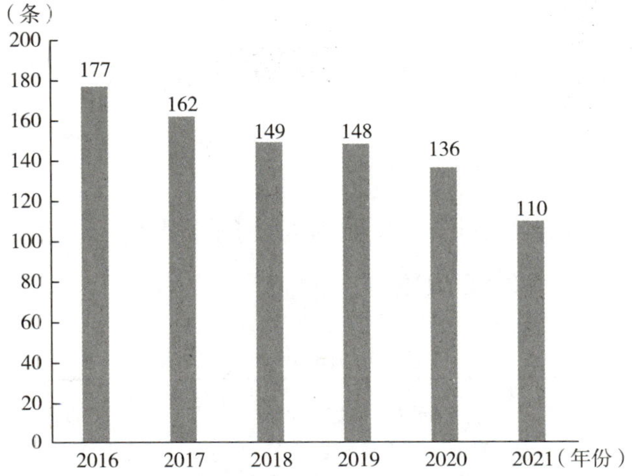

图 10-1 日资制造业企业政策诉求数量

资料来源：根据中国日本商会 2016—2021 年的《中国经济与日本企业白皮书》整理。

企业经营的全生命周期，在企业开办、水电气办理、建筑许可、财产登记、纳税服务、企业注销等领域开展“放管服”改革，其基本出发点是降低企业制度成本，这些改革措施有利于外资企业发展，但不是外资企业关注的主要痛点堵点。从日资制造业企业的诉求数据看，其痛点堵点主要集中在“行业管理”“节能环保与安全生产”“贸易政策及便利化”等领域，更加关注直接与生产、产品、技术、市场相关的制度环境（见图 10–2）。

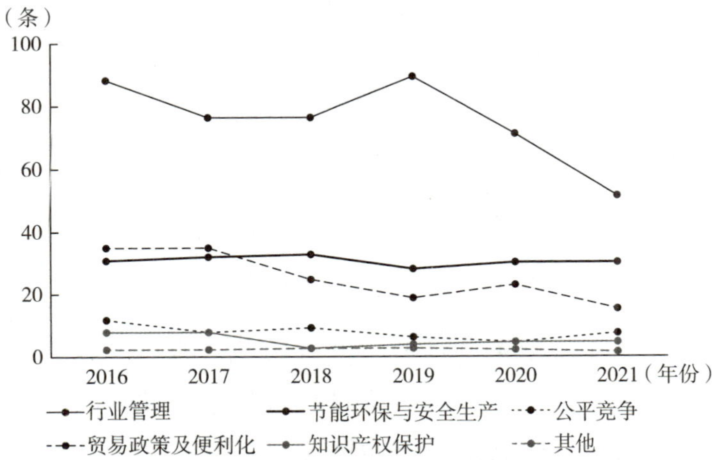

图 10-2 日资制造业企业政策诉求分类

资料来源：根据中国日本商会 2016—2021 年的《中国经济与日本企业白皮书》整理。

二、当前外资制造企业对营商环境的主要诉求

根据2021年日本、欧盟和美国商会的报告分析，典型制造领域的外资企业诉求主要集中在以下6个方面（见表10–1）：

表10-1　典型行业的外资企业诉求

行业	政策可预期性和透明度	优化标准、规范、检测和认证管理	改进政策和监管执行方式	在鼓励创新和市场采购方面平等对待内外资	加强知识产权保护和打击仿冒	提升贸易便利化
汽车	√	√	√	√	√	√
电子信息通信	√	√	√	√	√	√
石化化工	√	√	√			
化妆品	√	√	√			
制药	√	√	√	√	√	√
医疗器械	√	√	√	√		
纺织服装		√	√			√
造船	√			√		√

资料来源：根据2021年日本商会、欧盟商会、美国商会调查报告整理。

提高政策可预期性和透明度。制造业固定资产投入高、流动性低、回报周期长，外资企业对政策可预期性和透明度高度关注，主要诉求包括：一是允许参与政策制定和修订的咨询过程，了解政策制定背景，反映企业意见，提供国外的先进经验，如生产的环保标准、园区的搬迁规划等。二是希望政府出台重大措施时，避免对整个产业供应链造成重大冲击，如环保与安全方面的限制措施。三是提高政策信息的可获得性，构建检索和咨询法规、标准、通知等官方文件的服务机制，如网上查询和电话咨询。四是及时公布统计数据，如按照国际惯例及时公布海关统计数据、重要原材料的生产数据等，为企业投资

经营提供重要参考信息。

优化标准、规范、检测和认证管理。由于国内外的标准和规范存在一定的差异，外资企业面临的困难较多，企业诉求主要包括：一是基于科学原则实现标准和规范的国际接轨，特别是加快国内标准和国际最新标准对接的步伐，如新药临床试验申请可采用人用药品注册技术要求国际协调会（ICH）的原则和标准。二是加快制定创新产品的标准和规范，在无国家标准情况下允许地方或行业基于科学性采用实验性办法，如人工智能医疗器械。三是综合平衡环保与安全标准的合理性和可行性，包括技术、成本、风险和供给能力等综合因素，将促进产业发展作为政策制定的出发点。四是认可境外具有资质机构出具的检测报告，对境外具有资质机构出具的符合国际标准的检测报告，允许仅针对其中与国内标准存在差异的项目进行国内追加检测，如化妆品的检测。

改进政策和监管执行方式。政策和监管的执行方式对企业运营成本带来很大影响，这些制度成本完全可以大幅减少，外资企业的建议主要包括：一是环保和安全领域的重大监管措施出台需要给予必要的过渡期，为企业预留时间，进行内部改造或者保障外部供应链稳定，如某些基础化工产品受限后无法找到市场替代。二是对涉及健康安全产品的审批和监管开展“放管服”改革，实行分类审批、容缺审批、承诺制，加强咨询和指导服务，如医疗、危化、交通工具等方面的审批。三是不要将自愿性标准、推荐性标准作为强制性标准执行，不作为行政处罚的依据，如机动车辆类的认证标准，服装领域的安全质量标准。四是避免采取“一刀切”的执法方式，如区域性或行业性的停业整顿、停电限电，充分考虑新旧政策的过渡和衔接等。

在鼓励创新和市场采购方面平等对待内外资。庞大的国内市场已经成为多数外资企业来华投资的主要动力，对市场公平竞争的关注也已远超各种投资优惠政策，主要诉求包括：一是对进口和国产的节能环保产品采取相同的需求激励政策，如在新能源补贴上一视同仁。二是采取技术中立政策，对新产品的技术路线不歧视、不限制，如新能源领域存在的多种技术路线。三是允许外资企业参与国内重大设备研发项目，建立外资企业参与的透明平台和机制。四是维护国家安全的“自主可控”应明确合理范围，避免扩大化搞“自给自足”，如进一步明确关键基础设施及自主可控的范围。

加强知识产权保护和打击仿冒。外资企业充分肯定我国在知识产权保护方面的切实进展，但仍提出一些有待解决的问题，主要建议包括：一是优化从申请到授权的流程，如在外观设计方面引入实质审查制度，对国外知名商标的第三方申请抢注加强管理，放宽专利优先审查条件提高专利审查的效率等。二是加强应对不正当竞争的新花样，如网络上销售假冒商品，仿冒商品与标签分开销售等。三是加强执法，如行政执法应提高专业性，技术专利诉讼可引入技术调查官参与，加大诉讼判决执行力度，尽快明确惩罚性赔偿的适用依据和具体标准等。

解决贸易便利化的新问题。外资企业对我国海关实行的无纸通关、优化流程、降费提效工作给予充分肯定，但也反映了一些新的问题，主要包括：一是希望跨境数据流动、生物试验样本出境等政策限制有所放宽，如允许符合条件的跨国公司分享企业内部数据，以满足企业全球研发、运营和维护的需要。二是新冠疫情相关的管制措施为外国专家和管理人员留出快速通道，为企业正常经营提供便利。三是扩大危险货物的经办港口，2015 年天津港“8・12”特大火灾爆炸事故发生后，除上海港可以经办所有类别外，其他港口都限制了国际海运危险货物的经办类别。四是将高水平通关服务扩大到全国近 4000 个通关口岸，如公开 HS 编码商品归类的解释细则，避免不同海关、不同人员将同一商品归类为不同的 HS 编码，导致关税、出口增值税退税率不同。

三、建议制订营商环境专项计划

我国优化营商环境工作正在不断向纵深推进，为进一步扩大外资流入，稳定外商投资规模，提高利用外资质量，更好发挥利用外资在促进我国制造业高质量发展、更深融入全球产业链供应链的积极作用，2022 年 10 月国家发展和改革委员会等部门出台《关于以制造业为重点促进外资扩增量稳存量提质量的若干政策措施》，但原则性指导措施对解决外商诉求有一定局限性，建议尽快制订优化外资制造企业营商环境专项计划，切实有效提振外资企业在华投资信心。

制订专项计划有重要意义。专项计划用实际行动解决外资企业的痛点和堵点，表明我国以深化改革促扩大开放的坚定决心。专项计划也是纵深推进营商环境优化的有效方式，重点解决过去改革措施没有完全覆盖的领域存在的问题，这也有利于国内高端制造业的长期发展。

围绕企业诉求制订专项计划。针对外资企业提出的提高政策可预期和透明度、改进政策和监管执行方式、优化标准规范检测认证管理、平等对待内外资、加强知识产权保护、提升贸易便利化等方面的痛点和堵点，国家层面应系统梳理外资企业的具体诉求，制订有针对性的专项计划。特别是应加强与外资企业商会的合作，充分利用其资源，积极做好外资企业工作。

加强统筹规划和研究评估。过去几年我国持续优化营商环境，现时存在的问题通常都比较复杂，可能涉及较多部门、较大利益、较复杂技术，另外，外资企业的诉求也未必完全合理。建议“放管服”改革综合协调部门统筹安排，协调相关部门尽快研究和出台改革优化措施。对于一些复杂程度高、争议较大的改革事项，可以委托第三方机构进行研究和评估。

执笔人：马淑萍　马骏

第十一章

深化工程项目招投标领域改革

优化工程项目招投标领域营商环境，是深入贯彻落实党中央、国务院关于营造高效规范、公平竞争市场环境的重要举措。近年来，各地区、各部门组织开展工程项目招投标领域营商环境专项整治，全面清理招标投标法规政策文件，查处破坏公平竞争的违法违规行为，企业关切的一批突出问题得到有效解决，公开透明、规范有序的竞争环境逐步建立。基于对全国20多个城市的调研发现，在肯定改革成效的同时，也要看到与广大市场主体期盼相比，招投标领域营商环境仍存在一些薄弱环节。

一、工程项目招投标领域改革空间依然较大

各地改革举措实施以来，取得了阶段性成效，但与企业诉求相比，仍然存在进步空间。主要表现在以下方面：

（一）隐性壁垒变相抬高市场准入门槛

各地区、各部门开展的工程项目招投标领域营商环境专项整治后，一些明显违反公平竞争规则的行为杜绝，但企业获得感并不强，市场准入依然存在隐性壁垒。一是地方保护主义“屡禁不止”。某东部沿海城

市企业反映，本地个别区县招标时要求投标企业在辖区（县）内注册分公司，但企业表示“注册容易、注销难”；还有的区县要求投标企业在本地缴纳社会保险且对缴纳时限作出过高要求。二是先“入库”再招标现象时有发生，违反公平竞争原则。2021 年财政部印发《关于开展政府采购备选库、名录库、资格库专项清理的通知》（财办库〔2021〕14 号），提出开展政府采购备选库、名录库、资格库专项清理工作，清理范围包括“除小额零星采购适用的协议供货、定点采购外，对于政府采购限额标准以上或集中采购目录以内的采购项目，通过入围等方式设置的、作为参加政府采购活动资格条件的各类备选库、名录库、资格库等供应商库”。调研发现，各地大部分工程建设项目招投标已经取消了资格预审环节，但西部地区还有一些地市存在先“入库”再招标现象，将未来一段时期（一般为 1~3 年）的类似项目都交给入库企业完成，未入库企业没有参与竞争的机会。三是跨地区资质互认存在障碍。以公路养护项目为例，有些地区设立了专门的公路养护资质，有些地区是以施工资质等同养护资质，但尚未形成有效的跨地区互认机制。工程项目招标大多是属地管理，个别地区在招标文件中明确要求投标企业须具有公路养护资质，使得项目虽然是面向全国招标，但实际上仍然将不少企业排除在外。

（二）评标不规范、不专业增加潜在隐患

近年来，各地区、各部门通过专项整治清理了一批不合理的涉及工程项目招投标的政策文件，提高了招标文件的合规性，也有不少地区运用大数据分析等现代信息技术，识别、纠正、清除了一些违法违规行为，但也有不少企业反映评标过程中存在不合理现象。一是评标规则

不尽合理，变相抬高中小企业中标门槛。比如，西部某地级市在 2021 年某中小型维修项目招标文件中提出“2018 年 1 月 1 日至今获得国家‘鲁班奖’工程奖励，每有 1 项得 1.5 分，最多得 4.5 分”。诸如此类情况，虽然不是对投标人资质的强制性要求，但明显超出中小型维修项目的实际需求。相比大型央企和本地国有企业，中小民营企业在资质、奖项、人员职称以及项目经历等方面明显不占优势，加大了中标难度。二是有的地区评标专家自由裁量权较大，存在专家不专业现象。西部某省会城市企业反映，当前多数招标文件对标书中的施工组织设计部分没有给出明确标准和要求，评标专家往往依据标书的“厚薄”评定分数高低，导致一些投标企业递交的标书少则两三千页、多则六七千页。评标时，数十家企业去交纸质标书，专家在短短几个小时的评标时间里，根本来不及看。还有企业反映，专家库中可选专家数量少、专家资质较为混乱，存在非本专业甚至不相关领域专家评标情况。三是部分地区采用经评审的最低投标价法存在较大争议。西部某地区在全市范围内推广经评审的最低投标价法，在提高市场竞争水平、降低采购成本等方面发挥了重要作用，但与之伴随的弊端引起当地企业的强烈不满。据了解，经评审的最低投标价法对评标专家的专业水平、评审环节的公开公正性提出较高要求。实践中，评标专家通常都是系统随机抽取的，专业水平参差不齐，在评审环节容易出现“走过场”现象，评标结果往往是最低价中标，有些项目中标价大幅低于最高限价，其后果是中标单位在施工过程中偷工减料，影响工程质量。

（三）全社会投标履约成本“水涨船高”

工程项目招投标是维护公平竞争市场秩序的有力工具，特别是政府类工程项目招投标有效促进了中小企业发展，但“五费、四金、两担保”有较大压缩空间。考虑到数据的可获得性，我们以2020年全国政府工程项目为例，公开数据显示当年政府工程招投标交易规模为17492.4亿元，较2019年增加2488.1亿元，增长16.6%。其中，授予中小企业的合同金额占比约为75%，有效促进了中小企业发展，政策功能作用日益凸显。2013—2020年交易规模年均增长8.44%，呈现出快速增长态势。

值得关注的是，在招标金额持续攀升的同时，全社会投标履约成本“水涨船高”，企业资金占用压力不断加大。调研发现，企业投标履约过程中涉及“五费、四金、两担保”，包括报名费或招标文件费、CA数字证书费、招标代理服务费、场地交易服务费、质量监督检测费、投标保证金、履约保证金、农民工工资保证金、质量保证金、预付款担保、低价风险担保（见表11-1）。其中，“五费”由招标代理机构、公共资源交易中心收取，“四金”是为保障工程项目如期开展依法设立的，但是《中华人民共和国招标投标法》《中华人民共和国招标投标法实施条例》等上位法未对收费标准作出统一规定，各地区有一定裁量权，缴纳额度千差万别。企业投标履约成本与招标金额、项目宗数、投标企业数量等紧密相关（见表11-2）。初步估算，2020年全国政府工程项目企业投标直接成本约206.3亿元，占用企业资金约2040.7亿元；其中，中小企业投标直接成本120.6亿元，占用中小企业资金1193.9亿元（见图11-1）。在招标总额、项目宗数持续攀升的情况下，全社会投标履约成本“水涨船高”，企业资金占用压力将不断加大，需要切实降低。

表 11-1　工程项目投标履约过程中涉企相关费用及收费标准

费用类型		收费标准	说明
五费	报名费或招标文件费	0~5000元	1.部分地区采用电子招标，潜在投标人可以免费下载招标文件； 2.有些地区采用纸质标书，价格500~5000元
	CA数字证书费	200~500元/年	1.按年收取服务费，但是不同地区、不同项目要求配备不同的CA证书，企业平均需办理6个CA证书； 2.部分地区政府购买服务，企业首次购买免费
	招标代理服务费	中标价（万元）： 100（含）以下，收费标准1%； 101~500（含），收费标准0.7%； 501~1000（含），收费标准0.55%； 1001~5000（含），收费标准0.35%； 5001~10000（含），收费标准0.05%； 10001（含）以上，收费标准0.01%	1.2016年以前，按照《招标代理服务收费管理暂行办法》（计价格〔2002〕1980号）执行，根据中标金额采取差额累进法计算代理服务费； 2.2016年以后，国家发展和改革委员会废止了上述文件，但多数地区代理机构仍然依《招标代理服务收费管理暂行办法》标准计算，采取上下20%的浮动
	场地交易服务费	中标价（万元）： 300（含）以下，收费标准（元）3000； 301~500（含），收费标准（元）5000； 501~1000（含），收费标准（元）8000； 1001~3000（含），收费标准（元）10000； 3001~5000（含），收费标准（元）15000； 5001（含）以上，收费标准（元）25000。 注：勘察、设计、监理等按上述建设工程项目收费标准减半收取	1.根据中标金额采取差额累进法，有的地区是固定金额，有的地区是按比例收取； 2.有些地区由招标单位缴纳，或与中标企业共担
		中标价（万元）： 500（含）以下，收费标准0.15%； 501~1000（含），收费标准0.12%； 1001~3000（含），收费标准0.1%； 3001以上，收费标准0.08%	

续表

费用类型		收费标准	说明
五费	质量监督检测费	市场化定价	在工程验收时，中标企业需委托第三方检测机构进行质量检测，检测费用是市场化定价
四金	投标保证金	0%~2%（按投标总价计算），最高不超过80万元	1.有的地区允许用工程保函替代现金； 2.有的地区在中小修工程领域减免投标保证金； 3.一般在签订中标合同后5~7个工作日退还
	履约保证金	2%~10%	1.少数地区按2%缴纳，多数地区都是10%； 2.一般在竣工证书颁发后的30天内退还
	农民工工资保证金	0%~4%	1.有些地区规定在企业生命周期内只缴纳1次； 2.有些地区是按照工程项目分次缴纳，缴纳额度1.5%~4%； 3.有些地区根据企业信用分档减免； 4.开工前缴纳，提交竣工报告或竣工备案后退还
	质量保证金	1.5%~5%	1.从工程款尾款中扣除1.5%~5%； 2.在质保期12~36个月后退还
两担保	预付款担保	10%	少数地区取消履约保证金，但是规定在招标单位支付预付款之前，由企业缴纳中标金额的10%作为担保
	低价风险担保	中标价与最低限价85%差额的1~3倍	少数地区规定，若中标价格低于最低限价的85%，中标企业须缴纳差额的1~3倍作为低价风险担保

资料来源：根据调研资料整理。

表 11-2　　　　政府工程项目投标履约成本测算

费用类型		单个项目成本（万元）①	全部企业成本（亿元）③			中小企业成本（亿元）④		
			最低值	最高值	平均⑦	最低值	最高值	平均
五费	报名费或招标文件费	0~0.5	0	125	62.5	0	73.1	36.6
	CA数字证书费	0.02~0.05	5	12.5	8.8	2.9	7.3	5.1
	招标代理服务费	4.6	92	138	115	53.8	80.7	67.3
	场地交易服务费	0.8	20	20	20	11.7	11.7	11.7
	质量监督检测费	–	–	–	–	–	–	–
四金②	投标保证金	14	0	143.8	71.9	0	84.1	42.1
	履约保证金	14~70	350	1750	1050	204.8	1023.8	614.3
	农民工工资保证金	0~28	0	700	350	0	409.5	204.8
	质量保证金	10.5~35	262.5	875	568.8	153.6	511.9	332.8
两担保	预付款担保	–	–	–	–	–	–	–
	低价风险担保	–	–	–	–	–	–	–
五费合计⑤			117	295.5	206.3	68.4	172.8	120.6
四金合计⑥			612.5	3468.8	2040.7	358.4	2029.3	1193.9

资料来源：根据调研资料整理。

注：①根据 2020—2021 年政府工程招标额、项目宗数测算，年度政府工程招标项目 25 万宗，以单个项目招标金额 700 万元计算。

②调研发现，2019 年底东部某沿海省份缴纳的保证金中有 78% 为现金，保函比例仅 22%，高于全国平均水平。在计算全国投标总成本的时候，也按照 78% 的比例计算，同时假定每个项目的平均投标企业数为 10 家。

③以 2020 年全国政府项目招标总额 17492.4 亿元作为基数，计算全国政府项目招标总成本，“两担保”不具普遍意义，暂不计算。

④按照中小企业中标金额占比 70% 计算。

⑤⑥“五费”属于一次性支出，记作直接成本。“四金”可退还，但占用时长不一；其中，投标保证金占用时长 1 个月左右，履约保证金、农民工工资保证金占用时长与施工周期有关，平均 1 年左右，质量保证金占用时长为 1~3 年。

⑦因全国各省（区、市）、县（市、区）没有统一费用标准，本文以 50% 权重加权计算平均数。

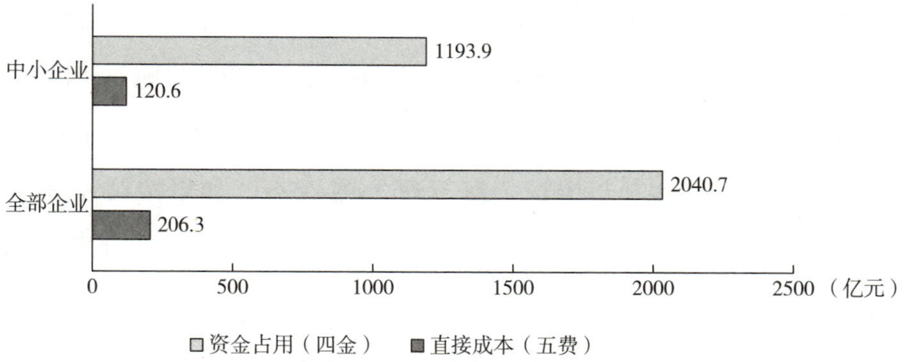

图 11-1 2020 年政府工程项目企业投标履约成本及资金占用情况

资料来源：根据相关资料整理。

（四）中小企业投标履约成本亟待降低

近几年，各部门各地方通过电子招标、工程保函、信用减免等方式积极降低投标成本，但企业获得感并不强，费用名目不合理、保函办理不方便、资金管理不规范等问题在一些地方普遍存在，使得企业投标履约综合成本高。

费用名目不合理增加了投标成本。2016 年 6 月，《国务院办公厅关于清理规范工程建设领域保证金的通知》（国办发〔2016〕49 号）已明确提出，对建筑业企业在工程建设中需缴纳的保证金，除依法依规设立的投标保证金、履约保证金、工程质量保证金、农民工工资保证金外，其他保证金一律取消，严禁新设保证金项目。调研发现，个别地方存在改头换面新设保证金情况。比如，有的地方针对小型工程名义上取消了履约保证金，但设立了预付款担保，招标单位支付预付款前，要求企业缴纳 10% 的合同金额作为担保，对企业而言，并无实质性改变。被企业诟病最多的是低价风险担保。譬如一个地区为防止企业低价围标串标，规定中标金额低于最高限价的 85% 时，需交纳差额的 1~3 倍作为低价风险担保。2020 年 1 月—2021 年 6 月，该地区工程项目招投标数量合计 5696 宗；其中，中标金额低于最高限价 85% 的项目 1496 宗，占比 26.3%。也就是说，超过 1/4 的中标企业都需要缴纳低价风险担保。企业反映，一些项目中标金额下浮 25%~35%，如果按照 3 倍缴纳低价风险担保，仅此一项就已经超过项目中标价；如果不履约就会影响信用记录，企业进退两难。

保函办理不方便提升了制度成本。一些地方积极推行工程保函替代保证金做法，但实际效果不尽如人意，主要问题有：一是保函办理手续烦琐。开具、退还保函都需要法人签字，多次跑、折返跑司空见惯。二是前置要件不合理。有企业反映，中标人签订合同前需要缴纳履约保证金，但去银行办理履约保函时，又要求提供合同，两者互为前置相互制约。三是存在指定机构现象。有的地区要求企业必须到指定的银行或保险公司办理保函，其他机构的保函不予认可。此外，有些银行出具保函时要求企业存入同等金额现金，还要收取 3‰ ~5‰的手续费，保函变得“名存实亡”。上述现象影响了企业办理保函的积极性，改革效果大打折扣。

资金管理不规范加大了履约成本。主要表现为：一是预付款比例设置偏低，管理过于僵化。实践中，招标单位大多按照合同金额的 10% 支付预付款，其余经费按工程计量拨付进度款，但有些项目时间紧、工期短，中标企业只能垫资施工或者拖欠上游原材料供应商的货款。二是招标单位指定高价施工材料。个别区县要求中标企业购买指定的施工材料，价格高、总额高。三是竣工决算耗时长。有的招标单位以竣工决算审计未完成为由变相拖欠工程尾款。

二、工程项目招投标领域的主要问题及其原因

工程项目招投标领域存在隐性壁垒、评标不规范、投标成本高等问题是多方因素综合作用的结果，既有电子招标不完善、透明度不高、信用评价机制不健全等客观原因，也有长期以来形成的惯性管理思维等体制机制原因。

一是电子招投标发展还不够完善。电子招投标是提升透明度、公开性、公平性的重要手段。调研发现，各地公共资源交易中心已经或正在开发电子化交易系统，但系统功能还不完善，有的地区覆盖了在线投标、答疑、远程异地评标等功能，有的地区仅实现了发布招标公告、电子标书下载等功能，与全流程覆盖还有相当大的差距。各类系统由不同的软件开发商建设，其功能、标准、开发时间等均不同，企业反映存在登录不上去、掉线、卡顿现象，在使用系统时遇到诸多不便。一些地区电子招标交易平台应用还不广泛，尤其是远郊区（县）的应用率更低，与之配套的公共服务平台、行政监督平台的使用率自然不高，利用大数据识别围标、串标行为缺乏足够的数据支撑，对招投标全过程的监管也就很难跟上。

二是以信用为基础的监管机制尚不健全。良好的社会信用体系是建立公平有序招标投标市场、打造良好营商环境的有力保障。相比工程项目招投标领域需求，信用体系建设仍显滞后。各地区、各部门之间尚未建立有效的信用信息对接机制，存在区域分割、线上线下脱节现象，难以形成对企业、专家以及相关责任人的全面画像。在第三方约束机制尚未健全的情况下，失信企业或个人的违约成本较低，有企业反映存在

“换个马甲、接着投标”的现象，信用体系失去了约束力，一些不规范的招标投标行为就很难监管。

三是长期以来形成的惯性思维和管理方式。各地区、各部门积极推动工程项目招投标领域改革，推动社会信用体系建设，着力降低企业投标成本。但是由于招投标领域地区之间的差异性、违规行为的隐蔽性以及事中事后监管不能完全跟上，招标单位和代理机构只能要求企业缴纳各类保证金，有些地区甚至制定了较高的缴纳比例，以确保合同正常履行。类似的做法一定程度上剔除了一些不合规企业，但也存在“一刀切”增加企业成本，甚至是“劣币驱逐良币”的现象。

三、深化工程项目招投标领域改革的政策建议

要持续深化工程项目招投标领域改革，进一步完善法规政策，推进电子招投标全覆盖和标准化建设，建立健全信用监管体系，降低企业投标履约成本，促进招标投标市场规范有序发展。

一是完善招投标领域法规政策。建议各地区各部门推动工程项目招投标领域改革向区（县）下沉，对标《中华人民共和国招标投标法》《中华人民共和国招标投标法实施条例》《优化营商环境条例》等上位法，对涉及招投标的规章和规范性文件中存在的限制或者排斥潜在投标人、擅自设置审批事项、增加审批环节、增加企业负担等内容，进行全面清理。通过资质兼容、业绩互认等方式，优化资质管理方法。在满足工程项目施工需求前提下，审慎设置注册资金、业绩、奖励、财务报表、人员职称等要求。针对中小型维修项目，可适当降低准入门槛，加

大对小微企业扶持力度。

二是推进招投标电子化和标准化建设。加快推动各地电子招标投标系统建设，实现招标、投标、远程异地评标、合同管理、交易支付等功能全覆盖，发挥竞争择优、信息汇聚、价格发现等功能，提升系统稳定性和兼容性。依托电子招投标平台、公共服务平台以及行政监督平台，开展工程项目招投标领域大数据分析，加强对围标、串标、违规评标等行为识别与防控。推动招标文件、招标流程、合同管理等标准化建设，提升综合服务品质和水平。

三是建立以信用评价为核心的长效监管机制。良好的社会信用体系是建立公平有序招标投标市场的有力保障。建议完善招投标相关主体信用记录，开展信用评价，加大信用评价结果在保证金缴纳、投标评审中的应用力度。按照信用等级、项目类型、施工难度等实行分类管理，合理降低中小企业保证金缴纳额度，灵活设置缴纳方式。加强对评标专家和评标活动的监督管理，整合优化专家库，完善评标专家的培训、考核、评价和档案管理机制，健全评标专家信用管理制度，对评标专家实行动态管理。加强信用信息共享，将企业和从业人员违法违规、不履行承诺的失信行为纳入招标投标管理系统，与全国信用信息共享平台互联互通。建立红黑名单制度，健全招标投标守信激励和失信惩戒机制。

四是减免结合规范涉企投标费用。建议清理和规范企业投标相关费用，按照“应减尽减、可免则免、减免结合”原则，努力降低中小企业投标履约成本。全面推行电子化招投标，取消报名费或招标文件费。加快推进 CA 数字证书跨地区、跨平台、跨系统互认，推动“一地一 CA、一业一 CA”向“一企一 CA”转变，切实降低 CA 证书服务费。建议统一由招标单位缴纳招标代理服务费、场地交易服务费，降低公共资源交易平台信息服务收费标准。进一步推动检验检测市场开放，引入竞争机制降低质量检测费用。鼓励有条件的地区通过政府购买服务等方式，降低企业投标成本。

五是清理规范涉企保证金。开展清理规范保证金专项整治行动，查处违规超标准收取保证金、变相设立保证金、未按时返还保证金等行为。对合理合法的保证金，要优化管理流程，提高退还效率，最大限度减轻企业资金占用压力。支持有条件的地区研究全面取消投标保证金，逐步实现“投标零成本、履约无负担”。全面推广工程保函替代保证金，优化保函办理流程，积极推行电子保函。结合项目类型、施工周期等因素，分类制定工程预付款比例，严格按照施工进度及时拨付工程价款，提升竣工决算审计和支付效率。

执笔人：高太山

第十二章

规范海运口岸集装箱使用环节收费

为进一步降低进出口企业负担，规范口岸收费，我们对国内两个重要海运口岸进行了专题调研。调研发现，通关放行前后集装箱使用环节的各类经营服务性收费[①]较为普遍，存在收费项目多、不透明、费用高等问题，进出口企业反映比较突出，应成为下一步规范和优化的重点。

一、规范集装箱使用环节收费有利于跨境贸易便利化

近年来，我国大力推进跨境贸易便利化改革，口岸营商环境持续优化，通关效率显著提高，通关费用不断降低，世界银行跨境贸易便利化排名大幅提升。企业反映，通关时间和费用已经降至较低水平，有很强获得感，但通关放行前后的相关口岸费用仍然存在较大压缩空间，特别是集装箱使用环节的收费，需进一步改革调整。集装箱使用环节是指进口货物到港之后或出口货物进港之前的集装箱使用过程，其中，进口货物集装箱使用环节主要包括通关放行后的“码头装车”“仓库卸货”和“堆场还空”3 个节点，出口货物集装箱使用环节主要包括通关放行

① 港口费用包括实行政府定价、政府指导价和市场调节价的经营服务性收费 3 个类型，本章聚焦的集装箱使用环节收费属于市场调节价的经营服务性收费。

前的“堆场提空”“仓库装货”“重箱堆场暂落”“码头卸车”4个节点。这些节点都是进出口企业使用集装箱的基本过程。

调研发现，集装箱使用环节收费项目多，几乎每个节点都会涉及收费。其中，A口岸进口过程有6项收费项目，出口过程有4项收费项目；B口岸进口过程有4项收费项目，出口过程有4项收费项目（见表12–1）。两个口岸相比，既有共同收费项目，也有独特的收费项目。集装箱使用环节总体费用也相对较高，以进口集装箱使用环节收费为例，根据调研数据初步匡算，A口岸集装箱使用环节收费每标箱约973元，B口岸每标箱约1338元，约为我国通关过程单证合规和边境合规成本的一半[①]（见表12–2）。

表12-1　　跨境贸易集装箱使用环节收费情况

分类	节点	A口岸	B口岸
进口	码头装车	押箱费、放箱费	押箱费
	仓库卸货	—	—
	堆场还空	吊装费、洗污箱费、修箱费、二次搬移费	吊装费、洗污箱费、修箱费
出口	堆场提空	押箱费、放箱费、吊装费	押箱费、吊装费、落重集港费、箱管费
	仓库装货	—	—
	重箱堆场暂落	暂落重箱费	—
	码头卸车	—	—

资料来源：根据口岸实地调研整理。

注：①详见表12-2；②资料收集时间为2021年3月。

① 根据世界银行《全球营商环境报告2020》披露数据，2020年，我国进口通关单证合规成本77美元，进口通关边境合规成本241美元。其中，单证合规成本是指满足来源经济体、目的地经济体以及任何过境经济体的所有政府机构对单证的要求所需的成本；边境合规成本是指与遵守经济体的海关规定以及遵守为了让货物通过经济体边界而强制要求的其他检查相关的规定有关的成本，另外还衡量了经济体港口或边界装卸的时间和成本。按照人民币对美元汇率6.9计算，进口通关单证合规和边境合规成本为2277元。

表 12-2　集装箱使用环节收费项目和内涵

编号	费用名称	内涵	缴费主体	收费主体	收费节点	进口/出口	收费金额	口岸
1	押金/押箱费	进出口过程中集装箱使用交给船公司或其委托人的费用	货代、车队等	堆场或船公司	运箱前	进口/出口	A：通过放箱权协议一次性缴纳，普遍性放箱权协议金额，20万~80万元；独占性放箱权协议金额，80元~100万元 B：进口每标箱1万元；出口每标箱最高5000元，签订协议不超过5万元	A/B
2	吊装费	堆场将空箱吊到集卡收取的费用	车队	堆场	进口：还空箱时；出口：提空箱时	进口/出口	A：80元/标箱 B：250元/标箱	A/B
3	放箱费	车队申请放箱缴纳的费用	车队	放箱公司	进口：提重箱前；出口：提空箱前	进口/出口	20~50元/标箱	A
4	落重集港费	堆场将出口重箱由堆场运抵港口收取的费用	车队	堆场	提空箱时	出口	230元/标箱	B
5	箱管费	出口提空箱缴纳给堆场的管理集装箱费用	车队	堆场	提空箱时	出口	80元/标箱	B
6	暂落重箱费	出口重箱开港前暂放重箱堆场缴纳的费用	车队	重箱堆场	仓库装货后，进港前	出口	300~1500元/标箱	A
7	洗污箱费	进口还空箱洗污箱涉及的费用	车队	堆场	还空箱时	进口	A：50元/标箱 B：160元/标箱	A/B
8	修箱费	进口还空箱修坏箱涉及的费用	车队	堆场	还空箱时	进口	A：200~1500元/标箱 B：400~2000元/标箱	A/B
9	二次搬移费	进口还空箱修洗坏污箱过程涉及的搬移费用	车队	堆场	还空箱时	进口	150~210元/标箱	A

资料来源：根据 A 口岸、B 口岸调研整理。

注：资料收集时间为 2021 年 3 月。

进出口企业是集装箱的使用者，集装箱使用环节的各项费用最终都将转嫁给进出口企业，无形之中增加了进出口企业的负担。集装箱使用环节的效率和成本是跨境贸易便利化的重要内容，规范集装箱使用环节收费应成为我国下一步推进跨境贸易便利化的重要着力点。

二、集装箱使用环节收费存在较大的优化空间

集装箱使用环节收费主要集中在前期的押箱费、进口过程的“堆场还空”节点收费和出口过程的“堆场提空”节点收费。调研发现，这 3 个方面都存在较大的改进优化空间。

（一）押箱费金额高、缴费形式单一，缺乏有效监管

押箱费也称押金，主要由车队向堆场、船代或船公司等集装箱管理运营主体缴纳。调研发现，押箱费主要存在 3 个问题：一是金额高。比如在 B 口岸，进口货物“码头装车”之前，车队需缴纳每标箱 1 万元左右的押箱费，占普通标准集装箱购置成本的 2/3，扣除集装箱折旧，押箱费甚至高于集装箱实际价值。二是缴费形式单一。押箱费基本都以现金形式收取，占用了企业大量现金。比如在 A 口岸，船公司通过协议方式收取押箱费，金额在 20 万元到 100 万元不等，如果同口岸所有船公司签订协议需缴纳 1200 万元左右押箱费。三是缺乏有效监管。收取押箱费的堆场、船代或船公司基本都没有设置专门账户，存在监管盲区，返还不及时，被挪用、滥用风险较高，如据某

车队反映，因押箱费被挪用，该车队向当地某堆场缴纳的押箱费无法退还。

尽管进出口企业不直接缴纳押箱费，但由押箱费所产生的成本最终都会通过集装箱运费等转嫁给进出口企业，从而增加进出口企业的跨境贸易成本。比如A口岸，引入了放箱公司，由放箱公司向船公司缴纳押箱费，同时向车队收取每标箱20~50元的放箱费，放箱费直接转为进出口企业所承担的运输费。

（二）进口过程“堆场还空”节点一些收费不规范、随意性大

进口过程“堆场还空”节点费用较多，主要有吊装费、洗污箱费、修箱费和二次搬移费等，部分费用收取不规范、随意性大。一是修洗箱判定标准不明确。调研发现，“堆场还空”过程中，堆场验箱人员在未对集装箱使用前后状况对比、未与还箱车队沟通确认的情况下，就直接开具相关收费单据，让车队缴纳洗污箱费和修箱费。两地车队反映，80%以上的箱子都会被判定需要修洗。比较而言，据某协会反映，全球口岸修洗箱比率平均只有26%左右。二是修洗箱收费标准不透明。调研发现，很多堆场修洗箱收费标准并未在醒目位置公示，验箱人员开具收费单据时也不告知。一些堆场表示，收取修洗箱费之后并不一定真正开展修洗作业，高标准收费、低标准修洗问题也普遍存在。三是重复收费。堆场收取的修洗箱费理应涵盖修洗箱过程涉及的搬移等作业，但是A口岸堆场在收取修洗箱费后，还要收取每标箱150~210元的二次搬移费，属于重复收费。还有堆场甚至在没有修洗箱的情况下，收取二次搬移费。

（三）出口过程“堆场提空”节点部分收费监管不到位

出口过程“堆场提空”节点收费也比较多，主要有押箱费、吊装费、落重集港费（暂落重箱费）、箱管费等，其中落重集港费（暂落重箱费）的问题比较突出。B口岸出口货物装箱后一般要在码头外堆场暂时堆存，待能入码头后，再由堆场安排运往码头卸车，由此产生的费用称为落重集港费；A口岸出口货物装箱后也存在要在码头外堆场暂时堆存的情况，产生的费用称为暂落重箱费。落重集港费（暂落重箱费）收取主要存在两个问题：一是强制提前收取。在B口岸，车队在提取空箱时，就被要求先缴纳落重集港费，否则不让提空箱，使得此后一些不暂落堆场的重箱，实际也缴纳了暂落费。二是监管主体模糊。在A口岸，由于没有明确的监管重箱堆场主体，暂落重箱费收取存在收费乱、无标准等问题，在承诺的堆存期内的收费每箱最低300元，最高1500元，自由裁量空间大。

三、规范集装箱使用环节收费的政策建议

集装箱使用环节是进口企业通关放行后的“最先一公里”，也是出口企业通关放行前的“最后一公里”，其效率和费用直接关系到进出口企业跨境贸易的便利化感受。在此环节中，市场竞争不充分，船公司、堆场具有相对强势地位；加强政府监管，规范和优化相关费用，对于降低进出口企业负担意义重大。建议加快完善口岸收费计费制度，以前期的押箱费缴纳、“堆场还空”和“堆场提空”等节点的相关费用为重点，

持续规范和优化海运口岸集装箱使用环节收费。

（一）将集装箱使用环节收费纳入《港口收费计费办法》

规范港口收费的主要依据是《港口收费计费办法》，该办法对“货物港务费”“港口设施保安费”“港口作业包干费”等9项经营服务性收费进行了规范，但尚未涵盖押箱费、修箱费、洗箱费、吊装费等集装箱使用环节相关费用。建议将堆场收费纳入港口收费计费管理制度，对进出口集装箱使用环节收费进行规范，明确费用名称、收费项目、服务内容、收费范围、费用标准、收费主体、缴费主体、公示义务等内容，形成收费目录清单。

（二）精简堆场收费名目，试点堆场作业包干费

针对堆场收费项目多、不规范等问题，建议以精简收费项目为重点，深化堆场收费改革。一是取消一批地方特有的不合理收费项目。全面梳理各地堆场的收费项目，取消地方独特的不合理收费项目，比如A口岸独有的二次搬移费，B口岸独有的箱管费等。二是归并相近的收费项目。对相关收费项目名称、服务内容等进行规范，通过归并减少堆场收费名目，改变堆场收费繁杂的局面。比如，将修箱费、洗箱费合并为修洗箱费等。在此基础上，统一收费项目名称，明确费用服务内容。比如，将押金、押箱费统一为押箱费，将吊装费、上下车费统一为吊箱费等。三是试点推行堆场作业包干费。参照码头实施的港口作业包干费方案，在堆场收费节点引入堆场作业包干费，如将堆场提空、还空过程涉及的核对箱号、指挥车辆、集装箱装卸车、搬移等人工和机械费用统

一为堆场作业包干费。鼓励有条件的地方先行先试，取得经验后全国推广。

（三）创新押箱费缴费机制和形式

押箱费占用了企业大量现金，增加了进出口企业的实际负担，建议创新缴费机制和形式，切实降低企业负担。一是引入押箱费封顶机制。针对零星用箱情况，对不同型号、类型的集装箱分别设定押箱费最高指导限额。针对协议用箱情况，鼓励集装箱使用主体通过同堆场和船公司签订长期用箱协议，推行协议用箱押箱费最高指导限额。二是推行以担保方式缴纳押箱费。引入银行保函、保险公司保证保险保单以及担保公司担保保函等方式，允许缴费主体以担保方式进行缴费。三是实施押箱费专户管理。实行押箱费专户管理制度，由押箱费缴费主体在押箱费管理部门开设专用账户缴存，用于支付集装箱丢失等为船公司带来的损失。押箱费专户根据管理权限实行统一缴存、专项支取、专款专用，任何单位和个人不得随意挪用。

（四）构建多层次外部监管和行业自律体系

针对集装箱使用环节收费存在的不规范、缺乏标准、管理不到位等问题，要在充分发挥市场机制作用的基础上，强化政府监管和行业自律。一是强化政府监管职责。进一步明确市场监管、交通、发展改革委等部门在规范集装箱使用环节收费方面的监管职责，特别是加强对重箱堆场的设立、运营、收费等进行监管，监督堆场严格按照收费目录清单收费，做到清单外无收费。二是充分发挥行业协会引导功能。支持各口岸组建车队协会、堆场协会、集装箱运输协会等组织，做好车队、堆场等主体合法权益的保护工作。行业协会要积极引导车队、堆场守法合规经营，做好行业自律，提升集装箱使用环节收费的规范性。三是全面推行集装箱使用环节收费公示制度。推动堆场等市场主体公开收费标准、公开验箱规范，实行阳光收费，自觉接受社会监督。

执笔人：许英杰　石颖

第十三章

着力破除各种隐性准入壁垒

我国从 2018 年开始全面实施市场准入负面清单制度。这是国际通行规则，是发挥市场在资源配置中决定性作用的重要基础，为各类市场主体公平竞争创造了基础条件，有利于充分培育和激发市场主体活力。但在实践中，存在诸多妨碍市场主体进入的隐性壁垒，即一些不在负面清单上的行业、领域和业务，由于前置条件多、变相审批、“准入难盈”等原因，市场主体仍无法进入。各种隐性准入壁垒的存在减弱了负面清单制度的实施效果，也影响了市场主体间的公平竞争，必须着力予以破除。

一、企业反映的几类隐性准入壁垒

目前，各地方、各部门都在积极破除行政审批过程中存在的隐性准入壁垒，如清理规范审批标准不一致、办理环节不透明、手续烦琐不必要等现象，排除与行政审批相关的评估、评审、核查、登记等环节中存在的隐性门槛等。除了行政审批过程中存在的隐性准入壁垒外，实践中企业还反映了其他 7 类隐性准入壁垒，同样需要各地方各部门高度重视，加大力度持续破除。

第一，准入准营门槛过高，条件设置不合理不清晰。一些领域尽管允许通过行政许可进入，但前置审批的门槛过高、条件不合理，使得企业想进进不了，特别是一些服务行业，除了应有的技术条件外，往往还设置有与履职能力不相关的要求，如劳务派遣许可、保安服务许可，均需要100万～200万元不等的注册资本金，消防服务机构需要面积100～200平方米的工作场所。还有一些领域准入的前置要件多、条件不清晰、程序复杂，企业办理难度大，如一些地区的企业反映，办理或延续采矿证要涉及包括环保、林业、水利、文化、城建等在内的6个前置要件、8个部门，每个部门都要跑，办理下来需要两个多月时间，然后再从区县到市里、省里，层层审批，每个层级都要跑8个部门，即便非常顺利，也要大半年时间才能拿到证。

第二，一些行业存在变相审批的问题。一些经营许可从审批制改为备案制，实际执行时，依然要走完跟过去一样的审批流程，企业表示名为备案，实为变相审批。以汽车维修经营为例，一些地方许可审批改为备案后，仍需3个步骤：一是前期准备，需要准备工商执照、场地租赁证明、环保证明、消防证明、设备清单、技术人员资质、场地平面图等资料；二是备案申请，在线上或线下申报材料，经办人员后台或现场审核资料，符合备案条件的材料转到主管部门；三是现场考核，主管部门接收到备案申请资料后，约定时间上门进行实地考核，对照相关标准进行检测，符合备案条件的，在规定工作日内颁发《机动车维修经营备案证明》，不符合备案条件的，要求整改后重走备案程序。企业反映，类似的审批改备案，材料和流程基本不变，换汤不换药，部分环节甚至比以前更加麻烦了。

第三，政府采购和招投标等领域前置门槛多。政府采购和招投标一直是企业反映隐性准入壁垒较多的领域，经过国家多轮治理，已有显著改善，例如，在制定招标文件时一般不再设置技术要求以外的条件，但前置门槛等问题依然存在。主要有两类：一是部分行业会根据企业规模、资产、人数、经历等条件对业内企业进行分类定级，用于政府采购和招投标，导致起步阶段的中小微企业普遍因资质级别较低而难以参与招投标。二是先“入库”再招标的方式在各级政府部门、村庄社区、国有企业等的招标中较为普遍，各种资格库、名录库、入围库等还没有完全清理，使得准入门槛前置，企业反映申请“入库”压力大，需要大量人力、财力，大量中小企业没有实力申请，无法获得招投标资格。

第四,一些地方的公共服务领域未完全放开，存在多种垄断经营问题。主要有 3 种情况：一是行业资质门槛高，如很多地方的公路养护市场仍封闭运作，一个重要原因是公路养护有资质许可，且资质条件较为严苛，如最低准入门槛要求从事二级及以下等级公路小修保养作业 5 年以上、具有相应工种的中高级工不少于 10 人、注册资本金或者固定资产 50 万元以上，结果是只能由行业管理部门下属的事业单位或企业来经营。二是变相设置门槛，一些地方的工程建设企业反映，部分区县的土方外运、沙石经营等都有专门企业垄断经营，原因是一些管理部门变相设置条件，使得其他企业很难进入。三是利用强势地位垄断经营，如一些地方的水电气热等公用设施企业都有下属设计施工单位，名义上企业报装时可在市场上自主选择设计施工单位，但企业反映如果不选择特定的设计施工单位，最后验收就过不了。

第五，新经济领域准入标准滞后，地区间准入差异大。当前，新经济发展日新月异，各种新产业、新模式、新业态等快速发展，但行业准入管理跟不上企业创新需求，准入事项多、条件严、手续繁等问题比较突出，如各地普遍存在“一业多证”的现象，企业反映，开互联网医院至少需要办理 9 个证，网约车至少需要 4 个证，制约了新经济的发展。同时，地区间标准不一，差异较大，如有从事区块链业务的企业反映，在申请营业执照时，经营范围里写明区块链业务，有的地方给注册，有的地方不给注册，客观上构成了一些地方的隐性准入壁垒。

第六,一些垄断行业开放后存在“准入难盈”的问题。随着垄断行业市场化改革的推进，越来越多领域或环节以资本开放或增量开放等方式，让社会资本和民营企业能够参与进来，但由于在经营中双方地位不平等，使得社会资本或民营企业盈利难、结算难。民营企业参股垄断企业或参与 PPP 项目后，得不到经营权、话语权，仅能作为财务投资者存在，且可能长期得不到分红回报。一些领域增量投资开放后，由于上游企业处于自然垄断地位，具有控制权，加上相关配套改革不到位，存在非国有主体运营难、盈利难的问题，如在配电网增量领域，由于输配电价格改革还不到位，增量配网投资的合理收益难以保障；再如在铁路增量领域，控制干线铁路网的国家铁路公司与民营支线铁路公司公平协作的制度尚未建立，支线铁路投资回报有很大不确定性。这些问题不解决，一些垄断领域名义上是放开了，但实际上企业依然进不来。

第七,一些地方和领域仍存在地方保护问题。地方保护一直是妨碍市场主体准入准营的隐性壁垒，过去比较突出的用工障碍、滥用工商质检等问题已基本消除，但其他一些老问题仍然存在，同时还出现了新的形式。主要有 3 类：一是司法障碍，如外地企业起诉本地企业时司法部门不积极等；二是本地企业和本地产品优先，如在药品招标、建筑工程招标、政府采购等领域，一些地方在实际执行中仍会偏向于本地企业和产品；三是地方产业竞争导致的地方保护问题比较突出，如新能源汽车领域，一些地方要求外地车企在本地投资设厂、刺激消费的购车补贴只给本地车企、公共交通只采购本地生产的汽车等，这些都是地方保护的新形式。

二、存在隐性准入壁垒的深层次原因

隐性准入壁垒之所以难以破除，既有制度上改革不配套、不到位的问题，也有一些地方公平竞争意识没建立、治理理念没转变的问题。

第一，围绕市场准入负面清单管理的制度体系还不健全。市场准入负面清单管理是市场准入制度改革的核心，彰显了政府治理理念和手段的转变，但仅有清单还不够，围绕清单制度还涉及准入机制、审批机制、监管机制、社会信用体系和激励惩戒机制、统一市场建设机制等配套改革，甚至还包括垄断领域的相关配套制度建设，特别是过去“严进”理念下所形成的大量法律法规、规范性文件以及各类行政审批文件等都需要修订和调整。目前，这些工作还在推进过程中，尚未完全到位，导致一些领域虽在负面清单之外，但市场主体还是进不了或经营不了。

第二，审批取消或下放后的配套制度和能力没有及时跟进。党的十八大以来，国务院已经分 16 批取消下放 1094 项行政许可事项。各地方积极按照中央部署，也取消下放了一大批行政许可事项，如甘肃省分 23 批取消下放了 2200 余项。大量行政许可事项取消下放后，配套改革任务繁重，相关制度和基层能力来不及跟进，一些事项名义上取消了，但实际办理中仍要走老路，具体包括：一些许可事项取消后所对应的制度没有重新构建，还沿用原有的办事方式和流程；不同业务之间相互衔接，一些事项取消了，但作为其他业务的要件，未及时调整；基层人员业务不熟练，接不住下放事项，如有企业反映，一些事项从省里下放到区县后，区县办事人员还得向上层层沟通，办理时间和难度反而增加了。

第三，所有制歧视和地域歧视仍未根本消除。在一些政府采购、公共服务、建筑招标等领域，之所以存在准纵向一体化、量身定做资质要求、倾向于选择国有企业等问题，有垄断链条未打破等原因，但更主要的还是一些地区的政府部门，认为选择“体制内”合作伙伴，可以规避政治、经济等风险，因而主观上愿意给国有企业吃“偏饭”。同样一些地方照顾本地企业、排挤外地企业，根本原因还是没有形成开放有序、公平竞争、统一大市场的发展理念。

第四，部分基层工作人员的治理理念尚未充分转变。实施市场准入负面清单管理，意味着“法无禁止即可为”，清单以外无禁区，这就要求各级政府部门加快转变治理理念，从事前管理转向事中事后监管与服务，积极为市场主体顺利进入清单外的领域破除障碍。但企业反映，一些地方的基层工作人员思想还没有充分转变，服务意识不强、手段不足，仍停留在“法无授权不可为”“方便管理”的状态，不能主动为企业破除准入障碍，有的反而变相设置条件阻碍企业进入，特别是在一些新兴经济领域，或沿用传统办法管理，或干脆不予审批，使得当地企业进不了一些“非禁即入”的新兴领域。

三、破除各种隐性准入壁垒的政策建议

隐性准入壁垒是社会主义市场经济的“顽疾”。持续破除隐性准入壁垒，必须建立相应的工作机制，系统推进理念、制度和手段的转变，从根子上消除存在隐性壁垒的环境，真正实现清单之外无清单、清单之

外无壁垒。

建立破除隐性准入壁垒的工作机制。企业普遍反映，政府部门对破除隐性准入壁垒问题聚焦不足，相关规定较为原则化，缺乏量化的工作目标和细化的评估指标，建议建立常态化的工作机制。具体包括：一是明确牵头单位和责任部门，制订年度工作计划，细化推进目标和改革重点，将其作为优化营商环境的重要事项，纳入督查或绩效考核范畴；二是扩大隐性准入壁垒的排查范围，分类分项设立台账，特别是要注重行政审批流程以外的各类隐性准入壁垒；三是建立市场主体投诉反馈机制，对市场主体反映的隐性准入壁垒问题，要深入剖析其根源，从制度上予以破除。

持续完善市场准入负面清单管理制度体系。一是进一步压减市场准入负面清单，确需保留的，也要梳理精简准入条件、优化行政审批流程。二是去除负面清单以外的变相审批，重点是由行政许可或审批改为备案的事项，要在制度和流程重塑上下功夫，让备案名副其实。三是加快推进配套改革，特别是及时修订或调整与市场准入负面清单不一致的法律法规、部门规章及行政审批文件。

加快准入机制改革，创新准入审批办法。实践证明，“证照分离”改革是破除“准入不准营”的有效方法，应继续深化拓展。在此基础上，还需进一步探索和推广“一业一证”“一企一证”“一件事一次办”的典型做法，从机制和手段上破解办证多、办证难的问题。大力推进承诺制改革，把更多事前审批事项转变为事前承诺、事中事后监管事项。加强各地方各部门事中事后监管的能力建设，充分运用智慧监管、信用监管等手段，为“宽进”“承诺”等新机制夯实监管基础。

着力营造公平竞争的市场环境。以破除所有制歧视和地域歧视为重点，强化公平竞争审查刚性约束，将公平竞争审查纳入营商环境评价考核体系。加快电力、铁路等垄断领域竞争性环节放开后的配套改革，让市场主体能够有合理的盈利预期。严格落实国家关于规范招标投标过程中企业经营资质资格审查工作的要求，清理先入库后招标等歧视性做法，逐步建立以业绩、信用、履约能力为核心的投标人资格审查制度。

加强基层政府和人员的能力建设。区县、乡镇是优化营商环境的“最后一公里”，直接面对各类市场主体，其能力和理念直接体现了地区营商环境的优劣。要加大对基层政府和办事人员的培训力度，交流典型经验和做法，促进其加快转变治理理念，提高主动为市场主体破除隐性准入壁垒的服务意识，尤其是增强对新经济领域的认识和应对能力。

执笔人：袁东明

第十四章

强化公平竞争审查制度刚性是优先事项

实施公平竞争审查制度是优化营商环境、建设高标准市场体系的一项基础性改革任务。2016 年以来，党中央、国务院多次发文强调要健全公平竞争审查制度，强化公平竞争审查制度刚性约束，持续清理废除妨碍全国统一市场和公平竞争的规定及做法，目的是从源头上对政府部门拟出台的政策措施实施事前审查，防止滥用行政权力排除或限制竞争，以建成统一开放、竞争有序的全国统一大市场。2020 年我们赴 9 省（区、市）18 市及有关部门调研《优化营商环境条例》实施一周年进展情况，2022 年我们再度对《优化营商环境条例》实施情况进行全国调研。通过两次调研，我们发现公平竞争审查制度框架已基本建立，增量审查和存量清理进展明显，但审查质量不高、制度约束不强，深层原因是一些地区和部门认识不到位，动力不足、能力不够，“上热下冷”，公平竞争审查与产业政策相容的审查机制尚未形成等。建议立足建设高标准市场体系，将公平竞争审查作为优化营商环境的优先事项，进一步完善审查规则，健全审查机制，促进竞争政策和产业政策相协调，提升审查能力和用好数字技术，全面增强制度刚性。

一、公平竞争审查制度基本建立，审查清理陆续展开

公平竞争是市场经济基本原则。防范政府部门出台排除、限制公

平竞争的各类措施，是确立竞争政策基础性地位的必然要求。2015 年党中央首次提出要“探索实施公平竞争审查制度”[①],2016 年出台《国务院关于在市场体系建设中建立公平竞争审查制度的意见》(国发〔2016〕34 号)，首次对公平竞争审查工作作出全面部署。近年来，国家持续高度重视公平竞争审查制度建设，各地各部门加快落实，推进增量审查和存量清理工作。主要进展如下。

一是党中央、国务院多次强调要全面落实公平竞争审查制度。近 3 年来，公平竞争审查制度日益受到党中央、国务院重视，多次被纳入顶层文件，其中尤其强调要强化公平竞争审查的刚性约束。具体包括：2020 年 5 月出台的《中共中央 国务院关于新时代加快完善社会主义市场经济体制的意见》[②],2021 年 1 月由中共中央办公厅、国务院办公厅联合印发的《建设高标准市场体系行动方案》，2022 年 3 月出台的《中共中央 国务院关于加快建设全国统一大市场的意见》，2022 年 6 月修订出台的《中华人民共和国反垄断法》，2022 年 10 月党的二十大报告指出要“完善产权保护、市场准入、公平竞争、社会信用等市场经济基础制度，优化营商环境”。上述系列文件中，特别强调要强化公平竞争审查的刚性约束，修订完善公平竞争审查实施细则，建立公平竞争审查抽查、考核、公示制度，建立健全第三方审查和评估机制。具体见表 14–1。

---

① 中共中央、国务院：《中共中央 国务院关于深化体制机制改革加快实施创新驱动发展战略的若干意见》，2015 年 3 月。

② 提出“（三）全面落实公平竞争审查制度。完善竞争政策框架，建立健全竞争政策实施机制，强化竞争政策基础地位。强化公平竞争审查的刚性约束，修订完善公平竞争审查实施细则，建立公平竞争审查抽查、考核、公示制度，建立健全第三方审查和评估机制。统筹作好增量审查和存量清理，逐步清理废除妨碍全国统一市场和公平竞争的存量政策。建立违反公平竞争问题反映和举报绿色通道。加强和改进反垄断和反不正当竞争执法，加大执法力度，提高违法成本。培育和弘扬公平竞争文化，进一步营造公平竞争的社会环境”。

表 14-1　近 3 年关于公平竞争审查的文件和法律规定（节选）

发文时间	发文单位	文件	文件要点
2020年5月	中共中央 国务院	《中共中央 国务院关于新时代加快完善社会主义市场经济体制的意见》	全面落实公平竞争审查制度。 1.完善竞争政策框架，建立健全竞争政策实施机制，强化竞争政策基础地位； 2.强化公平竞争审查的刚性约束，修订完善公平竞争审查实施细则，建立公平竞争审查抽查、考核、公示制度，建立健全第三方审查和评估机制； 3.统筹作好增量审查和存量清理，逐步清理废除妨碍全国统一市场和公平竞争的存量政策； 4.建立违反公平竞争问题反映和举报绿色通道； 5.加强和改进反垄断和反不正当竞争执法，加大执法力度，提高违法成本； 6.培育和弘扬公平竞争文化，进一步营造公平竞争的社会环境
2021年1月	中共中央 国务院	《建设高标准市场体系行动方案》	增强公平竞争审查制度刚性约束。 1.探索建立公平竞争审查举报处理和回应机制，及时核查举报涉及的问题； 2.健全公平竞争审查机制，进一步明确和细化纳入审查范围的政策措施类别； 3.出台公平竞争审查例外规定适用指南，建立例外规定动态调整和重大事项实时调整机制； 4.研究制定行业性审查规则，进一步细化认定标准
2022年3月	中共中央 国务院	《中共中央 国务院关于加快建设全国统一大市场的意见》	1.健全反垄断法律规则体系，加快推动修改反垄断法、反不正当竞争法，完善公平竞争审查制度，研究重点领域和行业性审查规则，健全审查机制，统一审查标准，规范审查程序，提高审查效能； 2.建立涉企优惠政策目录清单并及时向社会公开，及时清理废除各地区含有地方保护、市场分割、指定交易等妨碍统一市场和公平竞争的政策，全面清理歧视外资企业和外地企业、实行地方保护的各类优惠政策，对新出台政策严格开展公平竞争审查； 3.制定招标投标和政府采购制度规则要严格按照国家有关规定进行公平竞争审查、合法性审核
2022年6月	全国人民代表大会常务委员会	《全国人民代表大会常务委员会关于修改〈中华人民共和国反垄断法〉的决定》	第五条 国家建立健全公平竞争审查制度。 行政机关和法律、法规授权的具有管理公共事务职能的组织在制定涉及市场主体经济活动的规定时，应当进行公平竞争审查
2022年10月		党的二十大报告	完善产权保护、市场准入、公平竞争、社会信用等市场经济基础制度，优化营商环境

资料来源：根据相关资料整理。

二是初步建立起公平竞争审查的基本规则。我国市场经济体制仍在完善之中，对各类政策开展普遍的公平竞争审查是发展阶段的需要[①]。为打破市场壁垒、解决不公平对待市场主体等问题，国发〔2016〕34号文要求凡是涉及市场主体经济活动的规章、规范性文件和其他政策措施，都应当在事前进行公平竞争审查。这一要求无论在随后的顶层文件还是《中华人民共和国反垄断法》修订中，都不断得到重申。在具体细化制度方面，还制定了《公平竞争审查工作部际联席会议制度》（国办函〔2016〕109号）、《公平竞争审查制度实施细则》（国市监反垄规〔2021〕2号）、《制止滥用行政权力排除、限制竞争行为暂行规定》（国家市场监督管理总局令第12号）等配套规定，这为审查工作提供体系化的制度保障。到2021年底，国家、省、市乃至县一级政府已陆续建立公平竞争审查联席会议制度。

三是以部门自我审查为主，同步开展第三方评估和事后反垄断执法。从国发〔2016〕34号文开始到前述几份中央文件，都要求各部门按照必要程序对拟出台文件是否排除或限制竞争，先进行自我审查。其主要原因是各部门文件数量庞大，且存在专业门槛，自我审查的成本低；反过来，若全部交给竞争主管部门实施统一审查，就会出现“隔行如隔山”的困难，且没有足够人力去对各地各部门出台的海量政策文件进行逐一审查。为提高审查质量和效率，2019年《公平竞争审查第三方评估实施指南》（市场监管总局公告2019年第6号）鼓励各部门聘用专业机构开展独立审查，如广东、江苏、浙江等地已经建立了第三方评估机制。对于涉嫌违反《中华人民共和国反垄断法》的政策，则由反垄

① 成熟的市场经济地区如欧盟、美国、日本等，并无专门的公平竞争审查制度。尽管在国家安全、灾难救助、支持落后区域发展等方面，也会出台例外支持政策，但不同于我国普遍性的公平竞争审查安排。

断执法机构向上级机关反馈以推动纠正。

四是坚持增量审查和存量清理同步推进。对拟出台新文件，中央部门和省级政府2016年开始执行“未进行自我审查的，不得提交审议”，有的中央部门已在办公系统中嵌入公平竞争审查模块，要求各司局“谁起草、谁审查”；2017年起各省（区、市）指导市县级政府开展审查。针对海量历史文件，坚持统筹作好增量审查和存量清理，逐步清理废除妨碍全国统一市场和公平竞争的存量政策。据调研了解，国家层面多次部署开展清理①，各地已对历史上出台的政策措施作了多轮清理。仅以2019年统计的清理数据为例，全国范围内共梳理涉及市场主体经济活动政策措施近107万件，其中废止4450件，这为后续聚焦增量审查打下了坚实基础。

五是既帮助提升审查能力，又强化督查考评。公平竞争审查是个新事物，政策性、专业性强。国家层面，每年组织公平竞争审查制度培训班，统一和加深各部门认识。各地还对审查工作加强指导，例如，广州编制《广州市公平竞争审查工作指引及风险点提示》，沈阳编印《公平竞争审查工作指导手册》等。同时，还强化监督约束机制，一方面将审查情况纳入考评体系中，例如，浙江、广东将其纳入依法行政、法治政府考核评价体系，辽宁、山西将其纳入省政府重大督查事项；另一方面针对社会反响强烈的地域保护、限制准入、指定交易、选择性补贴等突出问题开展专项督查，强化约束力。

① 例如，2019年12月印发的《关于开展妨碍统一市场和公平竞争的政策措施清理工作的通知》，明确此次清理的范围是县级以上地方各级人民政府及其所属部门和国务院部门在2019年12月31日前制定的规章、规范性文件和其他政策措施。

二、审查存在标准难把握、程序不规范等问题

公平竞争审查制度实施7年来，取得了显著成效，但也遇到不少新问题。主要如下。

一是审查对象和标准难把控，各方有分歧。涉及经济活动的政策种类繁多，是否要纳入审查，各方认识并未完全到位、理解存在分歧。例如，有的部门认为只有公平竞争审查工作联席会议成员单位才需审查；有的提出招标文件不是政策措施，无须审查；有的提出涉密或招商引资“一事一议”文件无须审查。这说明关于审查对象和范围还有分歧。在审查标准上，《公平竞争审查制度实施细则》给出了四大类审查标准以及例外规定①，例如，不得“设置不合理和歧视性的准入和退出条件”，但什么是不合理、什么是歧视性，在具体落实时，还存在模糊空间。此外，有些地方将不符合例外适用条件的政策纳入例外范畴，以躲避审查。上述情形表明审查规则有待细化。

二是“自我审查”动力不足，未经审查就出台政策的情况还有不少。采取先行“自我审查”模式的初衷意在发挥部门的专业优势，但这一模式的约束性并不强，“谁制定、谁审查”被异化为仅从报文程序上填表，一定程度上造成了公平竞争审查程序空转，甚至流于形式。调研发现，多数地方基本都按程序进行了公平竞争审查，但有些地方、有些部门并未严格按程序进行实质性审查；有些区县级部门甚至还未建立公平竞争审查制度，也未开展审查工作。相关政策文件提交市政府或地方法规提

① 四大类审查标准分别是：市场准入和退出标准，商品和要素自由流动标准，影响生产经营成本标准，影响生产经营行为标准。

交人大审议时，往往只提交合法性审核材料，缺失公平竞争审查表单。有的单位跳过一些必要程序，例如，未听取利害关系人的意见、未向社会公开征求意见，政策出台时甚至以内部文件为由，不公布核心政策内容。

三是企业认为政策实质平等还有努力空间。《优化营商环境条例》第十二条明确规定，政府应在资金安排、税费减免等 8 个方面公平对待市场主体[①]。过去 7 年，各地对历史存量文件作了多轮清理，但从调研座谈企业填写的 779 家企业匿名问卷看，在平等获得支持方面，企业认为这一政策非常重要（4.65 分），满意度总体上也处于高位（4.43 分）；但分企业类型[②]看，大中型民企对平等获得支持的重要性赋分最高，满意度却最低，落差最大；对比之下，外资企业满意度最高，说明距离企业间的实质公平还有努力空间（见图 14–1）。

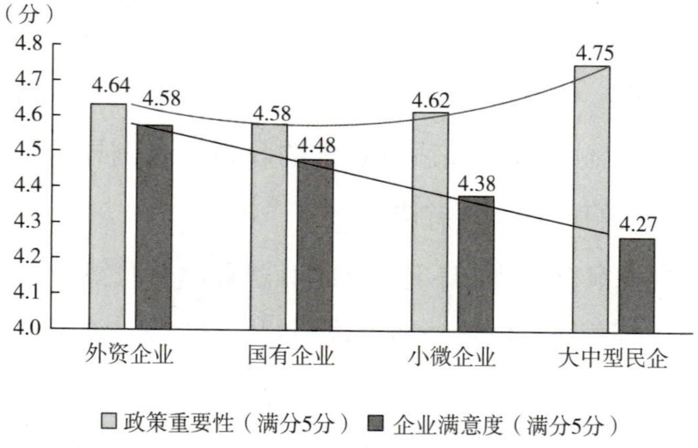

图 14-1　企业对平等获得政策支持的重要性和满意度评价

资料来源：9 省 18 市企业调查问卷结果。

① 即政府及其有关部门在政府资金安排、土地供应、税费减免、资质许可、标准制定、项目申报、职称评定、人力资源政策等方面，应当依法平等对待各类市场主体，不得制定或者实施歧视性政策措施。

② 按所有制类型统计，民营企业占 66.8%，国有企业、外资企业则分别占 21.1% 和 12.1%。按企业规模大小统计，中小微企业合计占 90.2%。

三、公平竞争审查制度距离预期仍有差距

公平竞争审查制度落实距离预期仍有差距，剖析其深层原因，可归结为以下 4 个方面。

一是思想认识不到位，“上热下冷”。实施公平竞争审查制度意在规范政府履职行为。座谈发现，竞争政策主管部门较为主动，但有些部门不积极，认为公平竞争审查让长期沿用的很多政策手段不能用了，例如，设定名录库、资格库，支持特定经营者等，而且还增加了文件出台难度；有些地方部分部门结合自身实际制定了审查实施细则，还有些部门主动性不强、积极性不高。在行动上，有的地方还没有将公平竞争审查纳入常规工作事项范畴，主要靠上级部门发文件、联席会议、开展专项督查等来推动，基层部门不推不动、“上热下冷”现象普遍存在。

二是审查能力亟须提升，审查手段尚待改进。高质量开展审查需要掌握竞争法、经济学及行业情况等知识，并对拟出台的措施会对哪些市场、哪类主体产生影响以及是否会排除或限制竞争作出分析判断。据调研，在市及区县部门，审查工作缺乏专业机构、人员编制，审查人员对审查制度把握不准，对工作要点和方法也不熟悉，存在“不会审”情况。审查手段上，国家层面鼓励引入第三方评估来增强审查独立性，但不少部门缺乏专门预算安排，如何运用第三方审查结论还缺乏制度安排。此外，这几年各地审查中陆续发现了一些妨碍公平竞争的共性问题，例如，针对外地企业提高准入条件或只对本地企业给予优惠等，但多数地方还未将这些典型问题归纳起来，也未出台风险防范指引，导致类似问题反复出现。

三是公平竞争审查与产业政策相容机制尚未形成。长期以来，各级各地在招商引资、支持本地企业发展方面，综合使用包括财政补贴、税收优惠、金融支持、人才引进、土地出让、政府采购等在内的政策，以推动本地经济快速发展。有的地方坦言，各地审查尺度不一，如果自己从严执行，例如，不给予“政策优惠”，那就是作茧自缚，影响本地发展；退一步说，即便程序上落实了审查要求，也可以利用自由裁量权来暗中给予特定主体优惠政策。换言之，地方从内心深处还存在质疑甚至抵触情绪，主动开展审查的正向激励机制还未形成，结果是产业政策重要性要优于公平竞争审查。

四是审查责任追究和督导机制仍须健全。部门“自我审查”模式容易出现既当“运动员”又当“裁判员”的情况。为确保“自我审查”能够落实到位，国发〔2016〕34号文、《优化营商环境条例》都规定，政府和有关部门及其工作人员未进行公平竞争审查或者违反公平竞争审查标准出台政策措施的，查实后要依法依规追究责任。调研发现，不少地方还未建立起硬性的程序约束体系，也未细化配套的责任追究制度，国家层面也主要靠抽查、督查和典型案例通报来推动地方重视，及时纠正（如废止或修订）政策措施中的相关条款，缺乏更有力的推进措施。

四、要增强制度刚性，健全规则，提升审查能力

公平竞争审查是优化营商环境、建设高标准市场体系的一项基础性改革任务。2020年以来，党中央、国务院至少五次发文强调要强化公

平竞争审查制度的刚性约束。下一步要立足构建新发展格局，建设全国统一大市场，建设高标准市场体系，将公平竞争审查置于优先位置，健全多层次审查衔接闭环、提高多部门协同审查能力、引入大数据审查手段等，加快构建全面覆盖、规则完备、权责明确、运行高效、监督有力的审查体系。

一是将公平竞争审查作为优化营商环境的优先事项，从严落实审查制度。按照《中华人民共和国反垄断法》要求，“行政机关和法律、法规授权的具有管理公共事务职能的组织在制定涉及市场主体经济活动的规定时，应当进行公平竞争审查”。《重大行政决策程序暂行条例》要求“决策草案及相关材料，决策草案涉及市场主体经济活动的，应当包含公平竞争审查的有关情况”，《优化营商环境条例》也要求未经审查的政策措施文件一律不得出台发布。从严落实关键是健全公平竞争审查联席会议的制度化运转规定，建立定期抽查机制和不定期督查机制，加强典型案例剖析，深入推进实质性审查。实行审查结论备案公开制度，畅通投诉渠道。研究将公平竞争审查纳入优化营商环境、法治政府建设等评价体系，进一步增强制度刚性。

二是加快完善审查规则，构建多层次衔接的审查体系。要按照《公平竞争审查制度实施细则》，细化须纳入审查的政策类型，明确审查标准，并结合案例解释说明，发布审查标准操作指南和风险点提示，消除规则实施过程中的模糊空间。鼓励有条件的部门梳理本行业妨碍统一市场和公平竞争的典型问题，制定行业性审查规则，增强针对性和有效性。全面总结“自我审查”模式实施 7 年来的利弊，建议政策起草部门初审后，提交给同级别的法规部门二次审查复核；加快建立第三方审查保障机制，提升审查独立性；强化竞争主管机构的抽审、抽查职能，针对投诉重点领域和行业加强定向抽查、专项抽查。建立重大政策联合会审制度，健全多层次审查体系。

三是促进竞争政策和产业政策相协调，细化例外适用规定。竞争政策和产业政策两者在促进发展目标上是一致的，前者更强调市场作用，后者更强调政府作用。要明确公平竞争审查的目的不是排斥产业政策，而是通过事前审查把好入口关，实现产业政策的中性化、公平化。同时，还要加快制定公平竞争审查例外规定，对于按照国家重大战略出台的投资安排、区域布局、产业安全、公共利益等政策，可参照国际通行做法，抓紧制定审查豁免的依据、标准、方法，以列举方式明确可排除公平竞争审查的事项。但要严格例外规定适用程序，对豁免范围进行年度动态调整，实现“一年一修，动态调整”。为解除地方担心审查工作会限制自身发展的忧虑，可研究设立公平竞争审查专项资金，对成效显著、落实得力的予以激励。

四是提高审查能力和运用数字技术，有效提升审查质量和效率。建议各地各部门根据审查任务量，配齐审查队伍力量。竞争主管部门要加大政策解读力度和培训频次，推动建立审查工作交流制度。各部门要加快将公平竞争审查纳入办公系统，实现全程留痕；重视归纳整理清理，排查出的妨碍公平竞争的高频事项、共性问题分门别类整理成清单，以突出审查优先点。要创新审查方法，建立本地区本部门公平竞争审查外部咨询专家库，综合用好协会座谈、抽样调查、实地调研、舆情跟踪等途径，广泛吸纳各方意见。要创新运用大数据等技术，加快实现增量文件全入库、增量文件限期入库，形成统一的政策文件库，引入文本挖掘、机器学习等技术，辅助提高审查效率。

执笔人：马源

第十五章

优化营商环境需要关注各地企业补贴的公平性

各地为促进经济发展普遍采取了企业补贴措施。我们通过城市案例分析发现，东部典型城市的企业补贴一般有500项左右，中西部典型城市的企业补贴一般有200~300项，企业补贴成为地区竞争的重要工具，且有不断增加的趋势。建议站在全国建设统一开放、竞争有序的高标准市场体系的角度，对各地的企业补贴进行清理和分类指导。

一、各地企业补贴名目繁多、区域差异较大

我们从广东、河南、甘肃三省中各选取一个城市，经济规模在省内居第三位左右，分别代表东部、中部、西部地区的典型城市。根据以上3个城市的公开文件，对公布的企业补贴进行初步统计，发现以下几个重要特点。

各城市的企业补贴名目多，其中扶优扶强性质的补贴最突出。根据典型城市的公开文件，地方对企业的补贴名目很多，按照目标大致可以归为支持优势企业、发展特色产业、扶持中小企业、鼓励企业创新、应对疫情等5个大的方面。其中，支持优势企业和发展特色产业两类补贴主要用来支持本地规模较大或竞争力较强的企业，如总部企业、上市公司、“小巨人”、优秀品牌、特色产业中的主要企业等，这些补贴基本

都属于扶优扶强性质，项目数量在东部、中部、西部 3 个典型城市的比重分别达到 60%、49% 和 68%，是各地企业补贴的主要组成部分（见表 15–1）。

表 15-1　3 个典型城市的企业补贴对象和数量

类型	广东某市	河南某市	甘肃某市
优势企业	高新技术企业、独角兽、瞪羚、领军、“单打冠军”企业、企业上市、企业大学、商标、品牌、优质产品、总部企业等共121项	创新型企业、“小巨人”、上市企业、股改企业、总部企业等共41项	招商引资企业、优秀工业企业等共27项
特色产业	电子商务、商贸服务、会展、新能源、机器人、粤菜、旅游文化创意、影视产业等共172项	新能源汽车、会展、健康养老、机器人及智能装备、肉牛奶牛等共63项	商贸、文化旅游、中医药、装备建筑等共111项
企业创新	工业互联网、技术改造、科技创新服务机构、企业研发机构、专利服务、标准化、版权示范、大学生实习基地、创业团队等共136项	工业互联网、绿色技术创新体系、技术转移、技术标准、制造业创新中心、创新创业人才等共82项	创新企业、创新机构、创新平台等共26项
中小企业	创业孵化载体、出口信用保险、融资租赁、融资担保等共15项	众创空间、科技孵化器、创业投资等共18项	民营经济、中小微企业等共37项
应对疫情	金融服务、物流配送、援企稳岗、复工复产、融资担保基金等共48项	支持服务业应对疫情等共9项	公开文件中暂无市级补贴政策
项目合计	492项	213项	201项

资料来源：根据相关资料整理。

东部、中部、西部城市都重视企业补贴，但东部城市的补贴力度显著高于中部、西部城市。从补贴数量看，东部、中部、西部典型城市的企业补贴项目分别为 492 项、213 项和 201 项，东部城市分别是中部和西部城市的 2.3 倍和 2.4 倍。从补贴范围看，东部典型城市补贴的对象分类更细更精准，对优势企业和特色产业的覆盖面更广，而中部、西部地区只能集中力量支持少数类型的优势企业。从补贴强度看，东部城市显著高于中部、西部城市，例如，为吸引总部企业入驻，广东某市与河南某市都采用一次性落户奖、连续 3~5 年的税收返还、购房租房补贴等措施，但广东某市的补贴项目更多，补贴规模更要高一个数量级。再如，为支持制造业智能化改造，东部某市的补贴项目和补贴规模也遥遥领先中部、西部城市（见表 15–2）。

表 15-2　　3 个典型城市的企业补贴举例比较

类型	广东某市	河南某市	甘肃某市
支持总部企业	落户奖：上年本市财力贡献的100%，不超过2000万元； 经营贡献奖：落户后1~3年，当年新增本市财力75%，每年不超过2000万元； 购房租房：购房购地价款的10%或5%，不超过1000万元。租房按100%和50%补贴，不超过300万元； 领军企业奖：200万~1000万元	开业奖：全球500强500万元，中国500强400万元，上市公司300万元，其他不超过100万元； 经营贡献奖：据税收贡献，前3年按80%奖励，后两年按50%奖励； 购房租房：购房按房款的5%补贴，不超过100万元。租房按租金50%补贴，每月不超过20元/平方米	—
支持智能制造	支持“互联网+先进制造”：市级工业互联网标杆示范项目，按投入金额的30%奖补，不超过300万元； 支持“智能制造、本质安全”：按三年投入设备改造费的30%奖补，不超过100万元； 提升创新能力：对智能工厂培育单位资助100万元，被国际知名机构认定为“灯塔工厂”的补助1000万元； 支持机器人应用：按机器人设备购置费用的12%给予补助，不超过300万元。对机器人应用示范企业补助800万元	支持工业互联网：通过国家“两化”融合评定企业，奖励30万元。省认定的智能工厂奖励10万元； 支持企业转型：对重点企业建设智能工厂，对其智能化改造项目按照投资的8%予以补助，不超过1000万元	支持工业强市：通过工信部的两化融合贯标试点企业奖励10万元； 通过国家评定并获证书的企业奖励40万元

资料来源：根据相关资料整理。

补贴形式多种多样，主要方式还是现金补贴。各地的企业补贴包括资金奖补、贴息、税收返还、土地支持、政府基金投资、政府采购支持等多种形式，其中政府直接给企业提供现金补贴是最主要的方式。例如，对落户的总部企业给予一次性开业奖和多年的税收返还以及购房购地补贴。从东部、中部、西部 3 个典型城市的公开文件统计，现金补贴方式占比分别为 85%、71% 和 45%，与地方财力呈现显著正相关。

二、应关注地方企业补贴过多带来的不利影响

各地企业补贴的出发点都是为了提升本地企业竞争力和推动本地经济高质量发展，从地方角度看企业补贴有其合理性，但从全国营商环境建设的角度看，地方企业补贴过多过滥已经带来一定的不利影响。

名目繁多的企业补贴会加大地区间的发展差距。东部城市在市场环境、政务服务、法治建设等方面处于领先地位，大量的企业补贴进一步提升了城市的竞争力。东部城市的综合优势吸引更多企业聚集，补贴企业的财力也不断增强，强者恒强的现象更加突出，地区间的差距还会加速扩大。即使在东部城市之间，也常常出现企业补贴的比拼，为争夺优势企业不断提高价码，导致补贴水平逐年抬升。

偏重扶强扶优的企业补贴不利于市场公平竞争。地方政府在竞争性领域直接补贴优势企业，虽然有利于本地优势企业快速成长，但对本地其他企业和外地企业而言则难言公平。地方政府在选择补贴对象时需要经过复杂的筛选程序，信息不对称、方法不合理以及过程不透明等因素也会造成一些不公平。

大量专项性补贴带来国际贸易争端的潜在风险。支持优势企业、特定产业等类型的企业补贴，按照 WTO 规则属于专项性补贴。他国如果证明存在利益实质损害，就可以按照可诉补贴规则采取反补贴措施。RCEP 协议也接受了 WTO 反补贴规则，未来的高水平贸易规则大概率还会加强对企业补贴的约束。

三、建议对各地企业补贴行为进行分类引导

各地的企业补贴名目繁多，建议国家进行分类引导，兼顾国家和地方目标，综合权衡利弊，制定指导性原则，推动全国营商环境的整体优化。

引导东部城市将招商引资性质的企业补贴转移到支持创新创业领域。东部城市处于我国城市雁阵的前列，需要更多投入到创新创业领域，为中部、西部城市提供示范和开辟更大发展空间。东部城市在招商引资方面应减少与中部、西部城市的直接竞争，更加重视中小企业培育、技术开发和人才培养。东部城市的招商引资引智应重点面向海外而不是中部、西部地区。

引导各地将竞争性领域的扶优扶强性质补贴转移到弥补市场失灵领域。在市场充分竞争的领域应减少企业补贴，在企业不愿投资的高风险、长周期的技术创新领域或者促进就业、改善民生领域，可适当增加补贴，如技术研发投入、中小企业发展等。

引导各地改进企业补贴方式。减少对企业的直接资金补贴，增加对竞争前技术研发、人才培养、企业公共服务、需求方激励、普惠性税费减免等环节的投入，尽量减少政府部门直接干预企业的市场竞争，侧重提供功能性、普惠性的政策支持，提升政策的公平性，更加有效促进企业高质量发展。

加强公平竞争审查。地方大量的企业补贴符合“影响生产经营成本”标准，可以通过公平竞争审查制度进行清理。

执笔人：马骏　陈阳

第十六章

健全大企业拖欠中小企业账款的治理机制

中小企业回款慢、账款拖欠，是中小企业反映强烈的一个突出问题。为优化中小企业的发展环境，我国自2018年下半年开始开展清欠工作，2019年和2020年对账款拖欠进行了集中限期清理，累计清偿行政、事业单位和大型国有企业拖欠民营企业和中小企业逾期欠款8500多亿元，有力推动了中小企业发展。2021年、2022年国务院继续部署开展防范和化解拖欠中小企业账款专项行动，并要求加强拖欠信息披露、加强约束惩戒和典型曝光、加强源头治理、加强相关配套制度建设，一方面工信部牵头组织有关部门和地方加大力度开展了清欠专项行动，另一方面作为重要责任主体的国资委也要求央企坚持“应付尽付、应付快付”原则，并组织清理霸王条款，还将“拖欠”纳入绩效考核范围，通过健全内部制度以及信息化手段等措施防止企业滥用市场优势地位恶意拖欠账款。一些地方如江苏、内蒙古、新疆还制定了专门的实施方案[①]。此外，除了审计督查外，我国还利用第三方评估完善监督机制，有两种方式：一是作为不定期综合评估的重要内容，有关部门开展中小企业发展环境评估和营商环境评估时，将支付中小企业款项情况纳入评估内容，如2021年和2022年国务院委托国务院发展研究中心开展了落

① 江苏省制定出台了《江苏省贯彻落实保障中小企业款项支付条例实施方案》。内蒙古出台了《自治区领导同志包联清理拖欠民营企业中小企业账款工作方案》，将拖欠1000万元以上或拖欠3年以上的78家企业欠款包联推进清偿，并要求盟市建立包联机制。新疆制定实施《自治区防范和化解拖欠中小企业账款专项行动实施方案》，通过下发督办函、电话催办、周报、月调度、季通报等方式，督促各地落实属地管理责任，加快投诉欠款清偿速度。

实《优化营商环境条例》第三方评估，清理拖欠是重要的评估内容之一；二是定期开展跟踪评估，国务院减轻企业负担部际联席会议办公室自 2019 年 9 月起，委托中国企业联合会和中国中小企业发展促进中心定期对清欠工作进行跟踪评估。第三方评估在一定程度上发挥了以评促清、以评促改的作用。

但是，目前边清边欠、新增拖欠现象仍然严重。为了从根本上解决拖欠问题，建议下一步以解决大企业拖欠中小企业账款问题为突破口、进一步完善法制法规为重点健全我国长效治理机制。

一、大企业拖欠中小企业账款的治理机制尚不完善

从调研情况和评估结果看，大企业拖欠中小企业账款，并不是一个简单的“欠钱不还”问题，而是复杂的企业间利益关系问题，通常情况是大企业利用优势地位提出不合理付款条件，如超长账期、大量使用票据、苛刻验收条件等；或者是商业纠纷导致延迟付款，如对产品质量存在分歧等。当前的清欠工作很难覆盖到这些领域，需要另外建立一套机制。

（一）对大企业的账款拖欠治理不足

我国过去 4 年集中清欠的重点是政府机关、事业单位和大型国有企业，这是清欠工作的突破口，也是维护政府公信力和提振市场信心的重要举措。但是，针对大企业特别是非国有大企业拖欠中小企业的措施明

显不足，非国有企业基本没有成为清欠对象。中小企业也普遍反映，大企业的账款拖欠治理工作明显落后于行政、事业单位，拖欠现象依然比较突出。另外，过去清欠工作主要解决的是存量问题，对新增拖欠的防止效果较弱，不能根除拖欠中小企业账款的症结。

（二）现有法律法规对大企业拖欠行为的监管效力不足

我国于 2020 年 9 月开始实施的《保障中小企业款项支付条例》（以下简称《条例》），为大企业拖欠治理工作提供了重要法规制度支持，但实施效力有限。首先，《条例》与上位法的矛盾。大企业的拖欠行为常常表现在不合理的商业合同中，具有市场优势地位的当事人仍然可以通过付款条件、付款方式的细致约定实现延迟付款的目的，但它没有违反合同法规定，即便是延迟支付行为，如果中小企业不主动提出诉讼，《条例》的次法律地位可能导致无法发挥作用。一些大企业也认为正常的商业纠纷不应纳入清欠范围。其次，《条例》属于行政法规，其执行手段不足。对拖欠的大企业只能通过投诉、列入失信清单处罚，但责任认定和纠纷化解的难度非常大。

（三）执法机构能力不足

清欠工作主要采取督查、评估、审计等行政措施，从两个途径入手，一是从债务方入手，即行政机关、事业单位和大型国有企业主动清理欠款，建立台账，制订还款计划，筹集资金限期偿还；二是从债务人入手，建立了全国违约拖欠中小企业款项登记（投诉）平台和问题线索督办转办平台，一些地方还建立了投诉事项核查处理联络员制度，畅通企业投诉的渠道[①]。以上两种方式主要解决“无分歧”欠款问题，大量“有分歧”欠款依然拖而未决。大企业对中小企业的账款拖欠常常面临非常复杂的问题，简单通过行政命令“一刀切”解决，容易引起更大的市场不公平，不当干预经济活动。目前工信部门作为牵头单位主要发挥协调和督促职能，执法能力和手段均不足。

二、日本治理大企业拖欠中小企业账款的国际经验

20世纪50年代中期，随着日本经济的高速发展，大企业与中小企业的差距越来越大，大企业滥用优势地位拖欠账款的行为成为普遍问题。为此，日本制定和实施了相关法律，取得了良好效果，值得我们借鉴。

（一）从反垄断执法的角度解决大企业拖欠问题

为了促进大企业与中小企业公平交易，防止大企业推迟支付分包货款，保护分包交易中处于劣势地位的中小企业的权益，日本于1956年制定了《防止延迟支付分包货款等的法律》（以下简称《分包法》）。《分包法》成为日本反垄断法律体系中的重要组成部分，是对《禁止垄

---

① 4类情况不予受理：（1）非因机关、事业单位和大型企业向中小企业采购货物、工程、服务而发生欠款的；（2）人民法院、仲裁机构、其他行政管理部门或者行业协会等社会调解机构已经受理或者处理的；（3）法律、行政法规、部门规章规定不予受理的其他情形；（4）处理投诉部门已经形成并反馈处理结果，且投诉方未提出新的事实和理由的。

断法》的补充。

1. 以反垄断法特别法的立法形式提高执法的刚性和弹性

《分包法》是《禁止垄断法》的特别法，两者的关系是特别法与一般法的关系。《禁止垄断法》对分包交易中滥用优越地位的大企业进行了原则性的规定，《分包法》进一步细化了规定，使得大企业拖欠问题能够得到及时有效处理。另外，《分包法》缓解了反垄断执法的压力。《分包法》第 8 条明确规定，当分包交易中的行为违反了《分包法》的规定同时又违反了《禁止垄断法》规定时，如果违法企业接受了《分包法》的“劝告”，则无须再重复适用《禁止垄断法》，在分包交易中出现符合其法律规定的行为时，将优先适用《分包法》。

2. 不断完善《分包法》提高法律实施的有效性

《分包法》自 1956 年正式颁布以来，为适应经济发展形势的变化，前后经过 10 次修订，内容逐步完善，依据法理对大企业违法行为的认定标准更为明确、高效。

一是分类实施。对交易行为进行了分类，主要包括制造委托、修理委托、信息成果制作委托和服务提供等 4 种交易类型，并从资金规模和交易内容两方面明确定义法律的管辖范围。从管辖范围看，比我国反垄断法对市场支配地位的解释范围更广，如对于涉及产品制造、修理、搬运、仓库的交易，规定注册资本在 3 亿日元以上的企业与 3 亿日元以下的企业或个人之间的交易；对于涉及信息成果制作、服务的交易，规定注册资本超过 5000 万日元与 5000 万日元以下的企业或个人之间的交易等。

二是明确规定大企业禁止的具体行为及处罚措施。主要包括 11 种禁止行为：恶意压价，拒绝接受产品（服务），无理退货，擅自减少支付金额，擅自变更合同内容，对中小企业的报复行为，延迟付款，捆绑式销售产品（服务），大企业要求中小企业提供不正当经济利益，金融机构认为难以兑付的票据，要求中小企业提前对大企业的原材料货款进行结算。基本涵盖了大企业对小企业的各种不合理行为。

三是严格规定大企业履行的法律义务。①提供书面文件的义务，一旦交易成立，应该以书面形式提交记载双方企业名称、委托日期、承包企业交付的产品（服务）内容、大企业接受产品（服务）的时间地点、支付费用的时间地点形式等详尽内容的文件。②文件保存义务，大企业有义务将写有具体交易内容的文件保存至少两年。③明确支付时间义务，大企业最迟要在接受产品（服务）60天以内支付费用。④支付利息的义务，如果大企业不能在接受产品（服务）60天以内支付费用，则每推迟一天，需要支付相当于年利息14.6%的滞纳金。如果大企业不履行上述4项义务，并且提供虚假报告，对公正交易委员会的现场调查采取回避、妨害或者拒绝的态度时，则对公司法人处以50万日元以下的罚款。

四是利用“劝告”“指导”等行政裁决程序提高执行有效性。针对大企业的违法行为，公正交易委员会可以提出“劝告”，要求当事企业即刻停止侵犯中小企业权益的行为。当事企业接受“劝告”后，公正交易委员会可以不诉诸进一步的裁决程序，作出案件终结的决定。“劝告”内容包括：①违法企业信息；②违法事实的陈述；③对本次违法行为的处罚措施（一般要恢复至中小企业未受损时的状态）；④企业对于防止类似事件再次发生的整改措施。这种劝告以书面形式提出，并在公正交易委员会网站公开，会对违法企业的社会公信力产生影响，具有一定威慑力。例如，著名企业森永制果在2019年接受“劝告”后，向5家承包企业偿还了拖欠货款，并在公司内部举办了《分包法》研修活动。对于有违法倾向的大企业，公正交易委员会可提出“指导”，要求企业提出书面整改方案，并在公正交易委员会网站上公开事件，但不公布企业实名，如 A 公司以仓库空间不够为理由拒绝接受承包公司的交货。实践证明，“劝告”“指导”方式效果显著，绝大多数案件通过“指导”得到了解决（见表 16–1），这样不仅保证了法律的实施效果，而且大大节约了司法资源，也容易被企业理解和接受。此外，鼓励自查自纠，一些大企业在公正交易委员会开展正式调查之前，主动申告存在违法行为，并自发采取改正措施，对此，公正交易委员会不再对其发出劝告指导。

表 16-1　《分包法》实施状况　（单位：件）

分类	2015年	2016年	2017年	2018年	2019年
劝告件数	4	11	9	7	7
指导件数	5980	6302	6752	7710	8016
未处置件数	287	290	307	382	292
合计件数	6271	6603	7068	8099	8315

资料来源：根据《令和元年度公正取引委员会年次报告》制作。

（二）利用反垄断法的专门机构执法

《分包法》的执行机构主要是公正交易委员会，它是 1947 年依据《禁止垄断法》设置的反垄断法执行机构。该委员会的委员长由首相征得众参两院同意后任命，其他 4 位委员从经济产业省、财务省、法务省等部门推选产生，任期为 5 年，可连任。公正交易委员会的事务总局是主要负责部门，下设贸易局、审判局、经济贸易部等，在全国有 7 个分支机构，接受垂直领导。

1. 确保执法的独立性

该委员会在行政上隶属于内阁府，但在业务上不接受任何机关的指导。法律规定在委员任期内，除非身体不适、宣告破产或者受到刑事处分，否则即使是首相也不得免去委员会成员的职务。同时限制委员行为，规定委员不得参加政治活动、不得进行商业性营利活动。垂直式管理也削弱了地方政府部门的干预。

2. 确保执法的权威性

从法律授予的权利来看，公正交易委员会拥有执行性行政立法权，可根据《禁止垄断法》相应的规定执行，且有强制性；具有调查权，在取得法院搜查证的情况下，可以对包括政府机构在内的机构进行入室搜查；具有行政执法权，可以对违反《分包法》的行为发出禁令或处以罚款；具有准司法权，可以审议当事人提出的行政复议要求；具有专属举报权，当事人屡次违反《分包法》的条款且拒不改正时，由公正交易委员会向检察机关举报后启动针对反垄断违法行为的刑事程序；具有知情权，包括行政机关在内的团体、企业等违反了《分包法》时，必须将时间经过、改善措施、处罚结果等书面告知公正交易委员会。

3. 确保执法的专业性

公正交易委员除了专职人员外，还聘请大量外部专业人员，工作人员近千名。外部聘请人员中主要是律师、经济学家以及数据收集等方面的专家，聘期为3~5年。另外，还从政府部门借调相关人员，任期为3~5年。

4. 确保执法的有序性、公正性和透明性

公正交易委员会联合中小企业厅查处违法案件有两个途径：面向全国的企业（个人）实施定期全面调查；中小企业直接向公正交易委员会或中小企业厅申请调查。如公正交易委员会认为有必要进一步核查事实，则可依据法律赋予的权限，要求大企业提供相应的资料并实施现场调查，并对确实违反了《分包法》的企业实施处罚措施。中小企业厅在接到中小企业调查申请后，经判断有必要实施进一步调查，可根据法律赋予的权限要求大企业提供相应材料开展调查，对违法事实轻微者可直接向其提出改善命令，对违法事实严重者可移交公正交易委员会处理。

定期实施书面调查和发布调查结果的做法非常有效，解决了中小企业出于对有交易关系的大企业的依赖，不敢主动检举大企业违法行为的问题。2019 年共对 6 万家大企业和 30 万家（名）中小企业和个人实施了书面调查，并对大企业各种违法行为涉及金额进行了公布，2019 年共向中小企业追加支付了 176191 万日元货款，从中小企业接收了相当于 66438 万日元的商品，向中小企业支付了 32026 万日元的滞纳利息，返还了向中小企业收取的 2556 万日元的不当经济利益。违法行为主要集中在大企业延迟付款、减少付款金额、恶意压价以及书面手续不全等方面。应该说，《分包法》有效地约束了大企业的违法行为，积极有效地维护了大企业与中小企业交易关系的长期稳定。

（三）大力宣传普及法律防患于未然

为了加深企业、个人对《分包法》的认识，树立社会公平竞争意识，公正交易委员会除了通过网上宣传和发行简明易懂的小册子外，还利用各种方式定期召开各种讲座会。如联合中小企业厅在每年 11 月举办“分包交易公正化推进月”活动，针对企业需求举办“劝告”案例说明会等。同时还在全国各地提供窗口咨询，为企业开设咨询会。在年底会专门针对中小企业的资金周转问题，与经济产业省一起向大企业及其所属团体发出遵守《分包法》的联名文书。

三、完善我国治理大企业拖欠长效机制的政策建议

（一）在反垄断法制度体系框架下解决大企业拖欠问题

大企业拖欠中小企业账款问题，本质上是大企业滥用市场力量问题。因此，从法理看，在反垄断制度体系下解决拖欠问题是顺理成章的事情。目前的《条例》主要是依据《中小企业促进法》制定的，是建立在促进中小企业发展的制度框架下的。因而，《条例》对大企业的法律约束力和制约力不强，实施效果不足。从日本经验看，在反垄断法制度体系内解决大企业拖欠等问题，有多方面好处：大企业利用优势地位拖欠中小企业账款，利用反垄断法规容易作出法律判决；反垄断法是经济宪法，法律地位高，有利于刚性执法；可利用现有的反垄断法执法机构加强执法力度。由此，建议在反垄断法的制度体系下完善我国的大企业拖欠治理机制：一是修改完善反垄断法，扩大对利用优势地位的解释范围，在反垄断法中将“大企业拖欠中小企业账款”规定为滥用市场地位的行为；二是专门制定大企业拖欠中小企业

账款法，作为反垄断法的补充法。

（二）利用反垄断机构的力量强化执法

目前我国解决拖欠问题的管理体制是，国务院负责中小企业促进工作综合管理部门（工信部）承担宏观指导、综合协调、监督检查工作，国务院其他有关部门在各自职责范围内负责相关管理工作，成立了由工信部牵头10多个部门构成的防范和化解拖欠中小企业账款专项行动协调小组。从地方政府管理分工看，中小企业管理部门负责受理投诉，市场监管部门负责对违规企业依法处理，一些地方在政务服务网上设立了服务专栏。从实践效果看，既没有专门负责部门，也缺乏专业处理能力。建议一是将国务院反垄断机构（国家反垄断局）作为解决大企业拖欠问题的主要负责部门，发挥执法的核心作用。赋予其独立执法权，提高它的权威性，有权独立进行有关案件的调查，提出劝告、指导，直至作出正式裁决，它还有权规定案件处理的程序，依法受理审查企业提交的申请报告，协调其他经济法律、法规和行政措施。另外，健全内部组织，同时发挥外部专家作用，提高专业执法能力。二是加强与中小企业管理部门的协作，建立联动机制。中小企业管理部门也有权检查企业的违法行为，但是最终的处罚权应归反垄断部门，有利于规范对违法企业的处罚措施。

（三）进一步加强实施措施

一是细化相关法律法规条款，明确相关事项规定的标准。对大企业拖欠可进行分类细化，对可能发生的各种违法行为制定详细的判定标准和处罚措施。二是建立多元纠纷解决机制，着力化解矛盾。可以引入“劝告”“行政指导”等制度，通过约谈、通报、制发意见书等形式，以正向引导方式，让大企业及时改正违法行为。三是大力开展普法宣传培训工作。反垄断部门联合中小企业管理部门定期开展各种培训、宣传以及咨询活动，面向企业、社会普及相关知识和理念，推动企业合规经营，防患于未然。四是定期发布相关执法报告，提高执法的透明度。

执笔人：马淑萍　戴秋娟

第十七章

推进我国营商环境法治化建设的建议

——基于对民营企业合法权益的保护

营造市场化、法治化、国际化一流营商环境是我国转变政府职能、推进治理能力现代化的重要内容。过去几年，随着我国“放管服”改革不断向纵深推进，营商环境法治化工作取得了显著成就，特别是2019年制定并实施了《优化营商环境条例》，确立了优化营商环境的基础性行政法规，为我国持续优化营商环境奠定了法治基础。但同时也要看到，我国营商环境法治化建设还任重道远，尤其是针对民营企业合法权益法治保护的问题仍较为突出，如一些地方增设不合理的市场门槛、直接干预企业关停、政府不守信不履约、滥用司法权力等。营商环境法治化建设是一项系统工程，立法、执法、司法和守法4个方面缺一不可，必须形成一个科学立法、严格执法、公正司法和全民守法的法治环境，社会各方共同推动营商环境法治化建设。在此，主要针对民营企业合法权益的保护，从立法、执法、司法和守法4个方面，提出我国营商环境法治化建设的若干建议。

一、完善法律体系，使营商环境法治化有法可依

第一，建议出台商业行为法、行政程序法。从世界范围来看，公认营商环境较好的国家，如新加坡、加拿大等，营商环境方面都有完善的

法律体系。一方面，我国涉及民营企业的商事行为法律有公司法、票据法、保险法、破产法、证券法、海商法、合伙企业法等，但没有统一的商业行为法。另一方面，各级政府在营商环境政策落实执行过程中，通过行政许可法、行政处罚法、行政复议法、行政诉讼法、行政强制法、行政监察法、公务员法、政府采购法等，对政府行为作出了详细规定，但在执法程序上没有统一的行政程序法，无法有效规范执法者与相对人的行为。因此，建议出台商业行为法和行政程序法等，弥补营商环境法治化进程中实体法与程序法方面的立法空白，以法律的形式，将行之有效的营商环境规定、措施、意见等政策性文件上升为法律固定下来。

第二，赋予地方一定立法权限，鼓励地方特色立法、创新立法和重点领域立法。党的十八大以来，随着中央和地方各级政府积极转变政府职能、优化营商环境，民营企业对政府办事效率、市场准入、税费负担等的满意度不断提高，但民营企业合法权益保护的问题仍未有效解决。当前，我国对民营企业合法权益保护的法律规定，散见于部分规范性文件，不成体系，有的地方在立法立规时一笔带过，甚至鲜有提及。其中一个原因是以往立法权限主要集中在中央，地方在立法过程中的权限有限，因而容易出现上下不均衡的现象。建议将涉及民营企业法律权益保护方面的立法权限适当向地方扩展、下放，并鼓励有立法权限的地方，因地制宜、因时制宜，展现地方特色。此外，对民营企业参与度较高的创新性领域，如互联网金融、大数据应用、智能制造等侵权行为高发、易产生纠纷的领域，必须加快创新立法步伐，使民营企业合法权益保护有法可依。

第三，完善立法程序，坚持立、改、废并举。一是立法过程中涉及民营企业合法权益保护的重大问题，在立项、起草、审议、表决、通过、公布等各个环节，吸纳专家学者、实务界、民营企业（家）参与，也可以委托有民营企业（家）参与的第三方进行。二是广泛听取、征求各方意见，尤其是民营企业（家）的意见，解决民营企业（家）最关心、最直接、最现实的利益问题。三是在立法的公布与实施阶段，对民营企业（家）进行培训、普法宣传，提高民营企业（家）的法律意识。四是对过时的、阻碍民营企业发展的法律、法规及相关司法解释及时进行清理和修改，对分散的涉及民营企业的法律、法规要进行整合，避免法律之间因相互矛盾、冲突而无法落地。

二、以“三张清单”为基础，全面提升执法能力

第一，落实信息公开制度，加强责任监管。依据《中华人民共和国政府信息公开条例》，主动对财政预决算、公共资源配置、重大建设项目批准和实施、社会公益事业建设、重点领域行业等及时公开，接受社会监督。坚持以公开为常态、保密为例外的原则，改变过去只注重静态公开、结果公开和单向性公开的公开模式，注重动态公开和互动性公开，以保证公开实效。做足责任监管的加法，贯彻落实“双随机、一公开”制度，随机抽查检查对象，随机选派执法检查人员，抽查情况及检查结果及时向社会公开。

第二，制定并严格执行“三张清单”。各级政府和部门全面推行权力清单、责任清单、负面清单的“三张清单”制度，做到权责法定，权责公示，法无授权不可为，法定职责必须为，法定职权职责依法为。凡未列入“负面清单”中的领域、业态、事项，行政部门不得禁止市场主体进入、经营。凡未列入“负面清单”的条件和要求，行政部门在行政

审批许可中不得以之为根据，拒绝为行政相对人给予审批、许可。“三张清单”要公开公示，并不断更新完善，让企业知道政府能做什么、不能做什么、有什么具体责任，保障企业依法平等进入负面清单以外的行业、领域和业务。

第三，加强执法人员能力建设和素质提升，全面推行行政执法过程全记录、重大执法决定法制审核制度。加强执法队伍、执法人员的业务学习，提升业务素质与能力水平，改变执法不规范、不透明、不文明等不良作风。对重大执法事项，如民营企业在运营过程中，违反政府城市管理、污染治理、道路交通等规定，甚至触犯法律的，未经法制审核或者法制审核未通过的不得作出执法决定。规范执法流程，避免多头执法，减少过多过频繁执法对企业的干扰，并做到执法留痕、执法信息及时公开。

第四，创新执法监管方式。充分运用现代信息技术手段和信用手段，提升执法监管的效率和准确性。发挥社会监督作用，健全举报投诉服务网络体系。形成执法联动配合，行政执法和刑事司法有效衔接机制，加强跨区域、跨部门的执法监管协同配合。

三、坚守司法公平底线，完善法律援助和信用体系

第一，建立专门的商事审判组织、推进案件繁简分流。当前我国法院受诉案件中，商事案件占有较大比重，在众多商事案件中涉民营企业（家）的案件占比超过 2/3。因此，在现有诉讼架构的基础上设置专门的商事法庭，配备专业的商事审判员，吸纳一定比例的民营企业家作为人

民陪审员，对提高诉讼效率、审判质量具有重要意义。在审理各类涉营商环境案件时，要树立“以审判为中心和庭审实质化”的诉讼理念，发挥法院审判职能，创新审判程序，充分调动法官的司法智慧。民营企业与政府、国有企事业单位发生纠纷时，要坚守司法公平底线，切实解决民营企业家告状难、案件公正审理难，判决裁定执行难的现象，确保民营企业案件立得住、判得了。加大破产、股东诉讼、知识产权、贸易纠纷等案件审理力度，使民营企业在权益受到侵害时能够通过正当的司法途径及时获得司法救济。

第二，加强对中小企业的司法保护，完善中小企业合法权益法律援助体系。一是对经营困难的民企尤其是中小民企实行诉讼费用、保全费用等减免和缓交制度。目前我国法院的收费偏高，不少中小企业在维权过程中，由于诉讼成本过高、程序烦琐等因素，阻碍了其获得相应的司法保护。二是明确刑事案件与经济纠纷的界限，严禁司法机关假借办理刑事案件之名，插手具体的民营企业间经济纠纷案件。对待民营企业的案件，在法律适用上，可以用民法、行政法解决的，不要动辄予以刑法制裁。三是民营企业一般违法行为，慎用查封、扣押、冻结等措施，严格区分个人财产和企业法人财产、违法所得和合法财产、涉案人员个人财产和家庭成员财产，结案后及时解封、解冻非涉案财物。四是整合律师、公证、司法鉴定、仲裁、人民调解等法律服务资源，尽快建成覆盖全业务、全时空的法律服务网络，为中小民营企业提供普惠均等、便捷精准的公共法律援助体系。

第三，完善全国统一信用体系，共享征信资源，加大失信司法惩戒力度。整合共享司法、执法、金融、交通、贸易等领域的征信资源，健全政务失信记录，将各级政府和公务人员在履职过程中，因违法违规、失信违约被司法判决、行政处罚、纪律处分、问责处理等信息也纳入司法征信系统。建立和完善对失信主体的管理制度，如对失信主体的规范认定制度、提示和警示制度、限期整改制度、信用修复制度等。对经过司法确认的失信企业与政府，要及时纳入有关信用记录，并根据失信行为对经济社会发展造成的损失情况和社会影响程度，公开通报批评，扩大对失信主体跨行业、跨领域、跨部门的联合惩戒。对诚实守信的市场主体要提供倾斜性政策支持和社会扶助，在融资贷款、股票债券发行、行政审批等方面享受优惠和便利。

四、完善民营企业内外法律风险防范制度

第一，支持民营企业建立法律风险防控体系，增强民营企业守法意识。多年以来，大部分民营企业都是粗放式发展，企业负责人法律意识较为淡薄，同时限于人力成本控制等原因，往往会忽视企业内部法律事务、风险控制的作用，为此政府应引导和支持企业设立专职的法务、风控等管理岗位，为企业提供内部法务、风控支持。倡导民营企业聘请具备一定法律知识和工作经验的律师担任企业常年法律顾问，帮助企业防范法律风险、解决纠纷，最大限度地避免或降低各种损失，有效保护企业的合法权益。积极发挥法务及风控人员、法律顾问在企业日常经营中的作用，引导企业和企业家遵守法律、理性表达诉求、依法维权，提前化解社会矛盾。

第二，加强普法宣传，引导民营企业树立守法观念，通过合法方式解决纠纷。支持企业协会和商会等中介组织定期开展普法宣传活动，大力推进民营企业家学法用法，提升民营企业家法律风险防范思维和知法

守法意识。鼓励和引导民营企业通过协商、调解、仲裁等方式解决纠纷，通过法律手段保护其合法权益。支持行业协会、商会和其他社会组织依法设立行业性专业性调解组织，商会、商事仲裁机构和其他社会服务机构依法设立商事调解组织，构建起多元化的民商事纠纷解决机制。

第三，全面构建亲清新型政商关系，规范政商交往，约束政商行为。引导民营企业积极行使法定权利，自觉履行法定义务，遵守诚实信用及公序良俗原则，不损害公共利益及他人合法权益。倡导民营企业讲诚信、守商规、走正道，遵纪守法办企业，光明正大搞经营。规范公务人员与民营企业的交往，构建政府与企业良性互动的政商机制和环境，畅通政商正常交往的途径，既要防止官商勾结、私相授受的亲而不清，又要防止为官不为、懒政怠政的清而不亲。

改革开放40多年来，民营企业的发展成绩有目共睹，其地位和作用已毋庸置疑。营商环境是民营企业赖以生存和发展的土壤，也是一个国家和地区的重要竞争力。优化我国营商环境，重点就是要解决民营企业发展中面临的困难问题，而保护民营企业的合法权益又是重中之重。可以说，推进我国营商环境法治化建设，最重要的就是有效保护民营企业的合法权益，从立法、执法、司法和守法等4个方面共同推进，全面提升对民营企业合法权益保护的法治化水平。

执笔人：袁东明 郝志学

第十八章

以数字技术赋能一流营商环境建设

党的二十大报告指出要“营造市场化、法治化、国际化一流营商环境”。近年来，数字技术应用深刻改变着政府工作模式，用好数字技术建设国际一流营商环境已是全球大势。我国对此高度重视，以数字政府建设为牵引，不断提升在线服务能力，但调研发现还存在不少短板，建议尽快健全基础制度，纵深推进系统互联和数据共享，夯实数字基础设施，加快建设国际一流营商环境。

一、注重数字技术应用是世界银行新一版营商环境评估体系的亮点

营商环境是企业从准入到退出市场所面临的外部环境。2022年12月，世界银行发布新一版营商环境评估体系（Business Enabling Environment，简称BEE）概念书，各经济体对此高度关注[①]。其中，提出政务数字化程度关乎企业办事效率，强调要从制度保障、服务能力两方面着力，用好数字技术优化营商环境。

① 世界银行2003年启动了《全球营商环境报告》（Doing Business，简称DB），每年世界银行都对全球190个经济体营商环境进行评估，并发布营商环境排名。因其排名结果影响到外商投资信心，因此各经济体对世界银行营商环境评价工作非常关注。2021年9月，世界银行宣布终止DB项目。2022年2月，世界银行发布了新一版营商环境评估体系（BEE）概念书，经过公开征求意见等流程，于2022年12月发布了较为完整的BEE概念书及试评估进度表。

（一）BEE 设立了国际一流营商环境建设的新标杆

BEE 吸纳了全球最佳实践，其特点有三：一是立足企业全生命周期，设置十大考察指标（见图 18-1），即市场准入、获取经营场所、公用服务接入、雇用劳工、获取金融服务、国际贸易、纳税、解决商业纠纷、促进市场竞争、办理破产，全方位评估一国营商环境优劣。二是立足提升企业办事效率，用监管制度、公共服务和办事效率 3 个支柱来细化考量十大指标，即不仅关注制度是怎么规定的，还关注具体怎么做的，及实际效果如何。三是立足未来发展大势，新引入 3 个关注点，即数字技术应用、环境可持续性和性别平等，将其横贯于十大指标，凸显出以数字技术应用优化营商环境的导向[①]。

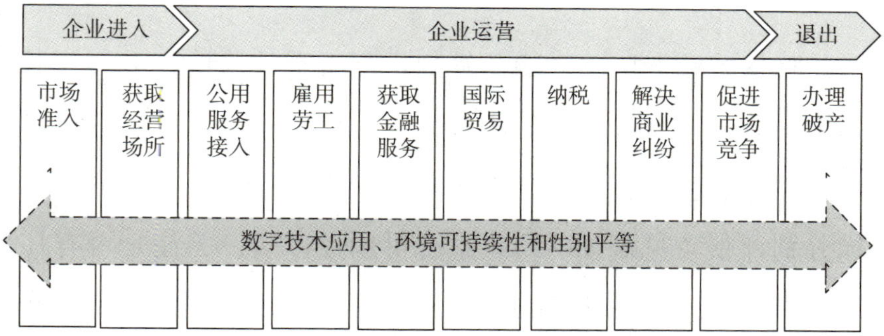

图 18-1　世界银行 BEE 设置的 10 个评估指标和 3 个交叉主题

来源：作者根据世界银行 BEE 概念书整理。

（二）监管制度上强调要为数字技术应用、发展和安全提供法规保障

建设法治化营商环境要求健全监管制度。BEE 评估各经济体的监管制度时，着重关注制度的透明度、清晰度、可预期性和相关性等。梳

① 此处未关注数字政府或互联网监管本身。

理前述十大指标，发现有 7 个指标对数字技术应用的配套制度提出了要求（见表 18–1）。大致分两类：一类从增强政府在线服务能力角度，关心是否出台相关制度来保障数字技术应用，以便企业可在线获取法规信息、在线办事等。另一类从促进企业营商角度，认为企业使用数字技术可提高生产力、促进创新、创造高技能岗位，为此针对公用服务接入（固定宽带互联网）、获取金融服务（电子支付）、国际贸易（数字贸易）这 3 个指标，从制度上提出要求，以保障固定宽带网络的高效部署和优质服务、电子支付的安全可靠、数字贸易限制性规定要尽可能少。

（三）公共服务上关注系统可用性、信息可及性、电子存储性和协同互通性

公共服务质量直接关系到监管规定能否有效落地。BEE 按照“有没有系统→公开不公开→存储不存储→方便不方便”的递进逻辑，从系统可用性、信息可及性、电子存储性和协同互通性 4 个方面[①]对 10 个指标分别评估（见表 18–2）。系统可用性方面，关注是否有在线服务系统，如企业可否在线注册、办理工程审批、纳税及查询就业信息等。信息可及性方面，关注政府信息在线公开性，如是否开放企业注册信息、不动产查询、边境办事服务以及竞争法执行情况等。电子存储性方面，关注土地交易、所有权、地籍数据等是否以电子方式存储，以及是否做到地理全覆盖。协同互通性方面，关注部门间系统是否协同联动，如企业登记、税务和社保系统、产权交易相关系统是否自动交换信息。

---

① 世界银行对应的英文词汇是：系统可用性（availability of online public services），信息可及性（access to information），电子存储性（electronic storage），协同互通性（interoperability）。

表 18-1　世界银行 BEE 监管制度支柱中关于数字技术服务的关注点

对新兴数字技术服务的关注点	对利用数字技术提升服务能力的关注点
【公用服务接入】 宽带互联网的高效连接以及提供可靠服务的监管法规： ● 基础设施共享：是否有关于宽带互联网基础设施共享的管理法规；在跨境数据流动和数据存储方面对企业访问和使用宽带互联网造成相关影响的限制举措。 ● 制度环境：是否有监管机构对宽带互联网服务进行监测，监管机构的职责（如制定费率和服务质量目标，监测服务供应的可靠性），以及关键特征（透明度、独立性、可问责性）。 ● 申诉和纠正机制：评估是否存在有关客户遭遇互联网服务问题的独立投诉机制，以及改善宽带互联网服务的补救机制，包括网络安全问题。 ● 服务质量保障机制：是否有关于互联网服务质量要求的法规。 公用服务接入的安全性： ● 网络安全：关于宽带互联网连接是否有数据安全、个人信息保护和隐私保护等法定要求，包括宽带运营商（中介）责任、个人数据保护措施和其他相关法律要求。 公用服务接入的环境可持续性： ● 宽带互联网服务的稳定连接和使用。评估可持续提供和使用宽带互联网的监管要求和激励措施，包括数据处理和存储的能效要求，以及设备效率的强制性标准	【市场准入】 企业注册成立环节： ● 是否允许向企业家提供简单的、标准化的登记表，无须寻求中介机构协助。 ● 是否允许企业家基于登记机构提供的标准模板，以电子形式提交注册登记文件，便于登记机构自动核实信息，降低成本 【获取经营场所】 土地管理的良好监管： ● 清晰且公开的土地所有权和租赁的法律。 ● 避免延期和腐败的公开服务标准。 建筑法规和环境许可的良好监管： ● 建筑法规是否明确，是否可供公众查阅

续表

对新兴数字技术服务的关注点	对利用数字技术提升服务能力的关注点
【获取金融服务】 电子支付的良好监管： ● 是否建立了稳健的风险管理体系，包括对服务商的监管。 ● 是否有对客户资金的保护措施，包括对错误和虚假交易的监管。 ● 费用、条款和条件的透明度。 ● 是否有可靠的申诉和纠纷解决机制。 ● 协同性要求和非排他性条件。 ● 是否出台政策以促进电子支付服务商、工具、产品、商业模式和渠道之间的竞争	【纳税】 税收政策的透明度和清晰度： ● 是否有关于最新税务法律法规的信息，以及是否有部门通过公共或私人裁决、手册、事实表或简讯等来解释法规的复杂性和模糊性。 ● 对新的税收政策进行公共协商的透明度。企业获得有关备案和支付程序的反馈程序和频率、采取数字形式保存记录的灵活性，以及是否可为小微企业和个人提供记录保存和备案
【国际贸易】 数字贸易的良好监管实践： ● 监管框架是否支持数字贸易，包括有非歧视性的互联网接入、有效的电子文件和签名、安全的跨境电子支付、公众应有获取数字贸易相关的规则和条例的法律权利。考虑到该指标与跨境数字商品交易的相关性，还将评估跨境包裹最低限额的相关规则和门槛。 数字贸易的监管限制： ● 是否向数字贸易用户和服务提供商设立了限制性贸易政策，特别是围绕数据保护、隐私、数字广告和数字版权以及网络安全要求等问题。 ● 是否存在歧视性政策，如是否禁止在线销售商品和服务，跨境数据流动的限制性标准，跨境贸易税收政策是否违反数字贸易的税收中性原则	【促进市场竞争】 ● 公共合同招标法规质量中的透明度要求

资料来源：根据世界银行 BEE 概念书原文整理。

表 18-2 世界银行 BEE 公共服务支柱中关于数字技术服务的关注点

	系统可用性	信息可及性	电子存储性	协同互通性
市场准入	【在线注册开办企业的服务可用性】 是否有一个具备以下功能的自动化电子系统： ● 核准企业名称的唯一性。 ● 涵盖企业登记全流程。 ● 以电子方式支付与企业注册相关费用。 ● 电子签名。 ● 数字身份认证	【企业信息的在线可获取性和公开性】 ● 企业登记机构是否向公众提供有关企业名称、董事姓名、股东姓名或年度财务报表等信息。 ● 是否可在官方网站上方便查阅企业注册和运营所需费用、要求和文件（包括适用的环境许可要求）	【在线注册开办企业的信息电子存储】 ● 所有权信息是否可电子查阅和备案等	【在线注册开办企业的服务协同性】 ● 企业登记、税务管理和社会保险机构等部门电子系统之间是否交换信息。 ● 企业登记系统与某些私营机构电子系统之间是否实现协同（如开设企业银行账户）
获取经营场所	【在线服务可用性】 ● 公众在线获取不动产、地籍交易信息和缴纳房地产税情况。 【在线办理建筑许可和环境许可的可用性】 ● 是否可在线办理建筑许可，是否具备在线支付、通知或跟踪等功能，是否可在线发放建筑和占用许可证。 ● 是否在线办理建筑相关的环境许可证	【在线获取不动产信息的公开性】 ● 是否向公众提供办理建筑有关许可证所需的最新可靠信息的获取渠道。 ● 是否向公众提供环境许可、建筑能源许可等有关法规和要求	【产权交易系统电子存储性】 ● 土地交易、所有权、留置权、地籍信息数据等是否以电子方式存储，上述数据的地理覆盖范围是否全覆盖	【产权交易服务系统的协同性】 ● 评估土地登记和地籍等房地产管理机构之间的信息交换情况。 ● 具体是评估不同机构间系统是否互联及数据是否自动交换。 【建筑许可系统的协同性】 ● 评估市政、地籍、土地登记和公用服务提供商等机构之间是否互联互通，数据是否高效共享。 ● 是否利用GIS系统辅助审批

续表

	系统可用性	信息可及性	电子存储性	协同互通性
公用服务接入	【公用服务质量、可靠性和可持续性】 ● 评估是否存在规范宽带服务质量、可靠性和可持续性的关键绩效指标。 ● 宽带互联网连接的下载、上传速度情况。 ● 宽带互联网服务的网络延迟情况。 【公用设施连接安全规定的实施情况】 ● 从实际层面评估市政公用基础设施报装安全条例的执行情况	【公用服务公开性】 ● 资费透明度。评估互联网资费可否在线获取、资费变化时是否提前告知以及资费定价机制的透明度。影响公用服务持续性成本的相关情况，包括一些合理影响因素，如公共政策。 【流程的公开性】 ● 评估是否可在线获取报装宽带互联网服务的相关文件、步骤、时限和收费表。 【按计划中断服务的公开性】 ● 是否就服务中断事先通知客户。 【投诉机制的公开性】 ● 评估是否可在线获取投诉所需的文件和步骤以及投诉机制的标准和范围（如可投诉哪些问题）		【公用服务的协同性】 ● 从客户角度评估参与审批流程和公用设施服务一体化的各个机构间的协调程度。 ● 公用设施层面的协同性。例如是否有国家或市政的共享基础设施数据库和地理信息系统。 ● 客户层面的协同性。例如市政公用基础设施新报装的单一窗口，以及公用设施互联互通和简化审批流程的单一信息门户和“一站式”平台
雇用劳工	【就业服务数字化】 ● 将评估以电子方式分享信息的程度。 ● 公共就业服务的数字化。 ● 为失业保险和员工就业安置提供“一站式”服务			

续表

	系统可用性	信息可及性	电子存储性	协同互通性
获取金融服务	【征信机构数据服务可用可靠性】 ● 商业银行是否使用征信机构提供的征信报告为其公司贷款决策提供信息。 【抵押登记机构数据服务可用可靠性】 ● 是否以通知为基础（只提交存在担保权益的通知，不对交易进行法律审查）。 ● 是否公布与担保权益等同的功能。 ● 是否具有现代特征，允许有担保债权人（或其代表）在线登记、搜索、修改或取消担保权益。 ● 商业银行使用抵押品登记册的程度，此外，该指标将收集商业银行使用抵押品登记程度的信息，以便当抵押品被使用时，及时为企业贷款决定提供信息	【电子支付】 ● 交易费用、条款和条件是否透明。 ● 是否有可靠的申诉和纠纷解决机制	【征信机构数据电子存储】 ● 征信机构提供信用报告信息功能的可获取性，及其提供的数据和服务的范围。 ● 征信机构是否有效运作，并通过征信报告提供个人和公司信贷历史的相关数据。 ● 关于提供额外服务可用性的信息，例如信用评分。 ● 是否遵循借款人查阅其财务记录权利的良好做法。 【抵押登记机构数据电子存储】 ● 抵押登记机构是否在运行。 ● 是否在地理上统一。 ● 是否有按债务人姓名编制索引的电子数据库	【电子支付】 ● 是否具有协同性要求和非排他性条件（包括法规协同性，句法、协议协同性，语义、数据协同性）。 【征信机构数据协同性】 ● 征信机构是否有效运作，并通过征信报告提供个人和公司信贷历史的相关数据。 ● 将传统来源（银行和其他金融机构）的数据和补充来源（如电信提供商、零售商、公用事业公司和其他来源）的数据进行整合

续表

	系统可用性	信息可及性	电子存储性	协同互通性
国际贸易	【电子系统功能可用性】 ● 一个经济体贸易业务电子系统的可用性、范围、连通性和功能性。 ● 以电子方式提交和处理海关申报和其他文件（如数字卫生和植物检疫证书、电子支付），以及与贸易伙伴同类系统互联互通。 【边境管理机构风险管理系统可用性】 ● 是否建立自动化的综合风险管理系统，以便监管机构将资源集中在高风险货物，防止货物清关中的任意歧视和不必要的延误。 【贸易基础设施】 ● 互联网连接和信息技术系统可用性。 【边境管理机构风险管理系统可靠性】 ● 使用的选择性标准清关后审计的应用情况	【信息的公开性和可获取性】 ● 是否有一个专门的政府网站或贸易信息门户，供用户查询与进口、出口、转运以及数字贸易有关的最新信息（相关信息应包括监管要求和程序、适用关税和税率、分类或估价规则、费用标准和上诉程序等）。 ● 政府是否提供额外信息（如贸易伙伴信息），组织利益相关方进入相关市场，特别是带动中小微企业参与。 【边境机构办事程序】 ● 可否获取海关和边境机构办事程序（AEO计划、简化程序、快速货运、针对贸易，特别是中小微企业的方案）。 ● 货物清关程序透明。 ● 供应链安全性提高		【电子系统和服务的协同性】 ● 电子单一窗口与贸易伙伴经济体的同类系统互联互通。 ● 如果没有电子单一窗口，考虑评估港口社区系统或海关电子数据交换系统等。 【协调边境管理】 ● 国内边境监管机构之间的境内合作水平。 ● 与贸易伙伴经济体相关监管机构外部合作程度。 ● 边境管理机构风险管理系统信息共享、整合和协调水平。 ● 边境管制是否授权或联合开展。 ● 手续和程序是否协调统一。 ● 有关数据、文件、标准是否相互承认

续表

	系统可用性	信息可及性	电子存储性	协同互通性
纳税	【电子报税、纳税和纳税评估系统的可用性】 ● 向纳税人提供在线公共服务的情况（例如，电子报税和电子支付税务系统、纳税人门户、预先填写的报税表以及其他电子自助工具，如chatbot、电子论坛和电子培训）	【基于风险的审计公开性】 ● 是否有透明有效的审计程序。 【税务纠纷解决机制公开性】 ● 税务机关是否有简单、透明和独立的解决税务纠纷机制。 ● 税务管理统计数据将用作及时解决争议的主要数据。 【税务管理的公开性】 ● 评估税务管理部门在通报其影响企业的活动及未来战略方面的透明度		【电子报税、纳税和纳税评估系统的协同性】 ● 考察税务部门与其他政府机构之间的协同性（例如交叉引用、信息自动交换和第三方数据）
解决商业纠纷	【解决商业纠纷程序的数字化】 ● 庭审数字化：法院电子服务的提供情况，以电子方式提交案件、以电子方式提交法院文件和接收通知、电子支付、电子送达和虚拟听讯，服务的使用是否是自愿的。 ● 替代性纠纷解决机制的数字化，仲裁和调解中电子服务的可用性：评估通过仲裁员、调解人或替代性纠纷解决机制组织的网站或平台以电子方式立案的可能性，通过安全聊天室或视频会议进行虚拟沟通和会面的可能性，以及支撑仲裁裁决或调解协议的电子签名			【解决商业纠纷程序的协同化】 ● 庭审数字化：法庭应用自动化系统的情况，如案件自动分配和服务的协同性

续表

	系统可用性	信息可及性	电子存储性	协同互通性
促进市场竞争	【促进市场竞争的公共服务是否充分】 ● 经营者集中是否有可能在网上申报。 ● 标准化表格是否可在网上获取。 【支持企业创新的制度框架】 ● 是否能够在线提交知识产权申请。 ● 是否能够在线支付相关费用。 ● 是否能够在线获取和管理所注册的知识产权。 ● 是否能够通过质疑申请撤销已授权知识产权	【竞争法规执行的公开性】 ● 竞争主管机构是否在网上公布其审查决定及其背后的法律和经济依据。 ● 竞争主管机构是否发布关于反垄断和经营者集中审查的指导或宣传报告。 【电子采购平台的公开性和交易特征】 ● 是否有可能在线通知合并，来衡量竞争主管部门在促进信息可及性和透明度方面的作用	【知识产权机构提供服务的数据电子存储性】 ● 是否能够访问关于专利和其他知识产权所有权和转让的最新数据库	
办理破产	【法院自动化】 ● 电子司法系统是否有效运作：电子备案、电子通知、法院费用电子支付、内部案件管理、在线跟踪案件的可能性，或向法院和其他当事方发送程序性文件。 ● 是否包括破产事件，将破产管理人或受托人纳入可以使用相关法院自动化功能的群体中，以及在破产中使用电子拍卖的情况	【公开透明性和可预测性】 ● 关于破产程序的数量和类型以及法院作出判决的数据是否可以公开获得。 【破产信息的公开获得】 ● 是否有破产登记册（包括关于债务人的信息、程序的各阶段和关于破产从业者的信息，并向程序中的有关各方公开提供这些信息）。 ● 该指标还将评估有关破产程序的数量和类型以及法院作出的判决的数据是否公开		【破产程序服务的协同性】 ● 将破产程序纳入电子政务服务的情况。 ● 与其他机构（包括商业、商事登记处和执法机构）、参与破产程序的各利益相关方之间实现协同

资料来源：根据世界银行 BEE 概念书原文整理。

（四）公共服务上强调提升数字基础设施服务能力

数字技术广泛嵌入经济社会各个领域，BEE 拓展了营商环境内涵，新纳入促进数字基础设施规范发展的内容。一是“公用服务接入”指标新增了固定宽带互联网服务，侧重从供给角度考察数字技术应用情况，关注宽带服务质量（如速率）和可靠性（如网络延时），资费、流程、计划中断和投诉的透明性，以及耗费的实际时间和成本。二是“获取金融服务”指标新纳入电子支付，关注电子支付基础设施的安全可靠性、交易费用和条款是否透明，申诉纠纷解决机制是否可靠，法规、协议、数据是否协同。三是“国际贸易”指标新纳入了数字贸易，包括电子商务和网络安全，对线上交易的安全可靠性、跨境交易监管法规透明性作出要求。同时，强调要以电子单一窗口来支持无纸化贸易，包括整合相关部门（如海关、税务、检疫、港口等）的数据信息，方便企业以电子方式申报、处理海关事务等。

二、我国优化营商环境，在线政务水平大幅提升

党的十八大以来，我国全面优化营商环境，特别是广泛应用数字技术赋能提升政府服务能力。2012—2022 年，我国营商环境从全球第 91 位升到最新的第 31 位[①]，电子政务指数从第 78 位跃升至第 43 位[②]，企业办事效率大幅提升。

---

① 世界银行《全球营商环境报告》最新的排名是 2020 年排名。

② 联合国经济和社会事务部：《2022 联合国电子政务调查报告》，2022 年 12 月。

（一）顺应数字化趋势，建章立制保障数字技术应用

近年来，我国注重从制度上保障数字技术应用。一是着眼惠企便民，作好总体设计，出台《优化营商环境条例》《关于在线政务服务的若干规定》等法规，推进政务服务事项“一网通办”。二是聚焦系统互联和数据共享卡点，在深化政务信息资源共享管理[①]、健全数据共享协调机制[②]、加强数字政府建设[③]、规范一体化政务大数据体系建设[④]等方面出台系列文件。三是着力提升政务透明度，修订《政府信息公开条例》，强调通过互联网发布信息和接受申请，还针对公共企事业单位如供水、供电、供气、供热等领域信息公开作出规定[⑤]。四是强调网络和数据安全，出台《中华人民共和国网络安全法》《中华人民共和国数据安全法》《中华人民共和国个人信息保护法》，要求对电子政务系统实施重点保护，保障政务数据安全。此外，还针对宽带服务、电子支付、电子纳税、电子招投标等出台了多项专项规定[⑥]。

---

① 国务院：《国务院关于印发政务信息资源共享管理暂行办法的通知》，2016 年 9 月。

② 国务院办公厅：《国务院办公厅关于建立健全政务数据共享协调机制加快推进数据有序共享的意见》，2021 年 2 月。

③ 国务院：《国务院关于加强数字政府建设的指导意见》，2022 年 6 月。

④ 国务院办公厅：《国务院办公厅关于印发全国一体化政务大数据体系建设指南的通知》，2022 年 10 月。

⑤ 国务院办公厅：《国务院办公厅关于印发〈公共企事业单位信息公开规定制定办法〉的通知》，2020 年 12 月。

⑥ 例如，《互联网接入服务规范》（工信部电管〔2013〕261 号）明确宽带服务标准；《中华人民共和国电子商务法》设置了“电子支付”专篇；中共中央办公厅、国务院办公厅《关于进一步深化税收征管改革的意见》部署“全面推进税收征管数字化升级和智能化改造”；《中华人民共和国招标投标法实施条例》明确“国家鼓励利用信息网络进行电子招标投标”，出台《电子招标投标办法》，规范电子招标投标活动。

（二）覆盖全国的一体化在线服务和监管体系不断完善

各地各部门以数字化、网络化、智能化为导向，在已建独立系统的基础上，持续推进数据共享、流程优化和服务创新。在系统可用性方面，从2016年提出“互联网 + 政务”到2018年推进“一网通办”，目前全国一体化政务服务平台已联通46个国务院部门和31个省（区、市）及新疆生产建设兵团，覆盖563万个服务事项。“互联网 + 不动产登记”全面推行，工程建设项目审批系统不断完善，电子报税和电子发票广泛推开，电子司法系统开始运作。在信息可及性方面，政府网站及政务媒体成为公开主渠道，87%的省级政府和81%的地市级政府通过网络征求意见。各地还利用12345市民服务热线，开展“好差评”推动竞相优化服务。在电子存储性方面，“互联网 + 不动产登记”系统广泛应用，对权利人名称及证件号码等数据项，依法予以加密存储和传输，作好异地灾备①。在协同互通性方面，以清单制推进政务数据共享，跨部门跨层级协同更加高效，企业可在线“一站式”办理诸多手续，如注册登记、工程审批和不动产交易，多头跑、来回跑进一步减少；同时，建成企业信用信息公示系统、一体化在线监管平台，促进企业合规守信。

（三）数字基础设施保障有力，企业营商效率大幅提升

企业营商离不开信息流、资金流的高效运转，离不开贸易通道的便捷畅通。近年来，我国坚持技术应用和制度创新双轮驱动，持续升级数

① 自然资源部关于印发《自然资源部信息化建设总体方案》的通知（自然资发〔2019〕170号）；自然资源部办公厅关于印发《“互联网 + 不动产登记”建设指南》的通知（自然资办函〔2020〕1355号）；《自然资源部办公厅关于印发不动产权证书和不动产登记证明电子证照标准的函》。

字基础设施，助力企业数字化转型。在宽带接入方面，到2022年6月我国互联网普及率达74.4%①，家庭固定宽带下载速度、资费便宜度位居全球第三位②；全国制造企业关键业务环节实现数字化的比例达52.1%③。在电子支付方面，支付手段更加丰富，网联平台成为全球最大零售支付清算体。2014—2021年，我国电子支付交易额年均增长13%，其中移动支付迅猛增长23倍④。在数字贸易方面，以数字化培育新增长点，2017—2021年我国跨境电商出口规模年平均增长率46.7%⑤；数字服务进出口总值占服务进出口的43.2%⑥。在服务能力提升方面，政务服务更加便利。到2021年底，省级行政许可事项中，网上审批和“零跑动”比例达56.36%，平均承诺时间压缩50%以上⑦，办事效率持续大幅提升⑧。

三、我国在数字技术应用方面还面临多重挑战

调研发现即便是国内营商环境靠前的一线城市，在深化数字技术应

① 中国互联网络信息中心：第50次《中国互联网络发展状况统计报告》，2022年8月。

② 国际电信联盟以5GB数据流量的固定宽带资费支出作为比较基准，2021年我国家庭固定宽带支出占人均可支配收入之比仅为0.5%，是全球第三便宜的国家。网络速率数据来自全球网络测速机构OOKLA的“Speedtest Global Index”，2022年10月我国固定宽带网络下载速率中位数是203.5Mbps，是全球中位下载速率72.4Mbps的2.8倍。

③ 国家互联网信息办公室：《数字中国发展报告（2021年）》，2022年7月。

④ 中国人民银行：《2021年支付体系运行总体情况》，2022年4月。

⑤ 数据来自海关总署。

⑥ 国务院发展研究中心对外经济研究部和中国信息通信研究院：《数字贸易发展与合作报告2022》，2022年9月。

⑦ 国家互联网信息办公室：《数字中国发展报告（2021年）》，2022年7月。

⑧ 企业开办减至4个工作日内，抵押登记减至5个工作日；96.7%的办税缴费事项已全部实现网上办理；出口通关减至1个半小时内，办事效率持续大幅提升。

用方面，仍面临法规保障不足、系统能力不强、数据共享不深、数字基础设施有待提升等短板。

（一）现有法规制度对深化数字技术应用保障仍不够

BEE 全面扩充了评估内容，将对象由民营企业拓展到外资企业，这对制度建设提出了更高要求。目前有 3 点不足：一是制度缺失。例如，企业开办方面，外资企业最大的堵点在于需要提交多项证明类纸质文件[①]，但这些纸质文件还不能实现电子化互认；再如企业宽带服务中断后，如何获得补偿还缺乏规定。二是制度不足。例如，利用地理信息系统（GIS）支撑不动产登记、工程建设项目审批，各地还处于自发探索状态；数字贸易要求减少数据跨境流动限制，我国实行严格审查，如何兼顾发展和安全是关注热点。三是制度透明度不够。BEE 对信息披露提出较高要求，目前公用服务报装流程、时间和成本还需进一步规范，企业宽带资费还不够透明；企业破产相关资产还无法一网清查。

（二）平台稳定性不足、系统联通性不够、数据共享率不高，制约服务能力提升

网上办事很方便，也是大势所趋，目前系统能力还有较大提升空间。一是部分平台稳定性较差。例如，跨部门跳转衔接经常出现卡顿延迟，反映出系统性能不佳。二是在线系统尚未有效互通。例如，外企注册涉及开设外币账号，但并未纳入“一网通办”流程，需线下办理；政府采购和招投标平台电子证书互认难；这些都需要从国家层面解决。三

① 例如需要提交外国个人身份公证、大使馆核查与翻译公证等纸质文件。

是统一共享的基础设施数据库和地理信息系统还未建立。例如，电力、自来水、电信、市政等各领域都有自己的基础设施数据库，运营商要部署网络，需分头找相关单位协商。此外，国家垂管系统数据开放不够；不同地区之间基础条件不同，数字化水平分化明显，“数字鸿沟”可能扩大。

（三）支撑数字营商的基础设施保障还不到位

与企业推进数字化转型、开展线上营商的需求相比，在数字基础设施发展方面还有不少工作要做。在企业宽带服务方面，缺乏针对性举措，例如，对运营商来讲，宽带网络部署还缺乏跨部门的基础设施（如管道）共享协同机制；对企业来讲，无论是使用互联网专线还是商务宽带服务，网络下载和上传速率测速标准缺失、资费决定机制不够透明、实际资费水平缺乏监测。在电子支付方面，仍难以满足跨境电商支付碎片化、高频次的需求，存在流程复杂、费率高、洗钱风险等问题，资金周转效率尚需提升。数字贸易发展对制度创新提出更高需求，国际上围绕网络公平接入、计算设施位置、数据跨境流动、税收中性、个人隐私保护等议题分歧较大，相关规则正在形成之中，我国也在权衡相关利弊。

四、深入应用数字技术建设一流营商环境的建议

为加快建设国际一流营商环境，更好激发市场主体的生产力和创造

力，下一阶段应以用好数字技术、加快数字政府建设为抓手，加快完善法规制度体系，持续推进系统互联和数据共享，尽快增强若干重点系统能力，夯实数字基础设施根基。建议如下。

（一）查漏补缺，进一步发挥法律法规对数字技术应用的根本保障作用

分级分类梳理制约数字技术应用的重点法规。一要研究弥补制度空白。例如，在市场准入方面，加快推动境外公证文书电子化，赋予电子版与纸质版同等效力；在企业宽带接入方面，健全网络性能监管制度、服务中断补偿制度。二要加快完善制度细则。例如，在获取经营场所方面，健全地理信息系统的应用规范；在数据跨境流动方面，统筹发展和安全，积极开展数据跨境流动安全评估，推出更多典型案例，完善正面清单、分类分级和存证传输等制度。三要提升监管透明度及独立性。例如，进一步强化政府信息公开制度落实，定期发布企业宽带服务监管报告。

（二）从国家层面着手，统筹推进系统互联、数据互享、证书互认

推进政务流程再造的难点是如何推动数据共享出来、使用起来，这其中有对数据安全的担忧、有共享意愿不足的原因，打破这一僵局，需自上而下推进。一是推进系统互联，主要是完善国家一体化政务服务平台，将各级政府、各部门的办事系统联通起来，统一“跨省通办”事项标准，推动政务事项应上尽上。二是深化数据共享，加快建设全国一体化政务大数据体系，让国家—省级—地市级数据交换平台系统紧密对

接。重点推进国家垂管信息系统向地方开放接口和数据，加速各国垂直管理系统证照数据、办件数据等常态化回流，回应地方政府期盼。三是推进证书互认，对中央层面设定的涉企经营许可事项，要抓紧制定电子证照标准，扩大电子证照共享和应用范围，减少企业多头重复提交数据情形；探索电子证照、税务、信用等信息的共享使用。

（三）围绕企业全周期营商需求，加快增强若干重点政务系统服务能力

各地已建设了不少系统，下一步的关键是聚焦企业从注册到退出全流程，从细处着手让系统更强更好用。建议要进一步提高企业注册“一网通办”系统稳健性，将外资企业纳入在线流程，增强市场监管、社保、税务、银行等部门横向联动性，实现“一站式”集成。将土地出让、立项、规划、施工许可、验收、不动产登记及商业租赁涉及的各类系统互联起来，提升审批协同性。建设涵盖水电网等服务在内的“一站式”报装门户。整合国际贸易相关信息门户，增强贸易征信、跨境金融、存证溯源等功能。加快建设限额以上政府采购全流程电子化系统。针对企业破产执行难，加快推进网络查控系统建设，实现对被执行人主要财产“知根知底”。

（四）夯实数字基础设施根基，进一步优化企业数字化转型环境

坚持发展与规范并重，以优质数字基础设施服务支撑企业数字化转型。在企业宽带服务方面，要构建基础设施信息共享平台，打通分散

在水电网等领域的数据。精简企业宽带报装流程，压缩全流程实际办理时间。规范宽带报装成本，针对商务楼宇、物业等末梢垄断环节的不合理加价，要健全监管制度和加强执法。出台服务质量如速率、可靠性等标准，加大性能监测和对外公开力度。此外，要推进算网融合，提升云计算企业的服务能力。在电子支付方面，着力健全电子支付风险管理体系，发展金融科技，加强国际合作、协同研究降低跨境电商支付相关成本。在数字贸易方面，在保障数据安全情况下，分类、分主体推进国际贸易“单一窗口”等相关数据开放，方便企业对接自有系统，鼓励协会、商会等主体提供数据分析服务。深入梳理国内现有规则与国际通行规则的异同点，探索与国际规则接轨办法。

执笔人：马源　单衍菲

第十九章

评估数字营商环境的国际框架

数字经济给各国带来巨大红利的同时，也对各国营商环境提出了全新要求，近年来，国际组织纷纷将数字经济营商环境相关指标纳入国别评价体系。我国数字经济位居全球前列，很大程度上就得益于国家大力深化简政放权、放管结合、服务改革，优化营商环境。当前，我国各行业各领域数字化转型步伐进一步提速，建议同步加快构建符合我国国情的数字经济营商环境评价体系，优先从短板环节切入，加快制度调整和政策供给。

一、数字营商环境受到国际组织关注

近年来，国际组织在开展国别评价时，已将数字经济相关指标纳入评价体系，大致可分为 3 类（见图 19–1）。

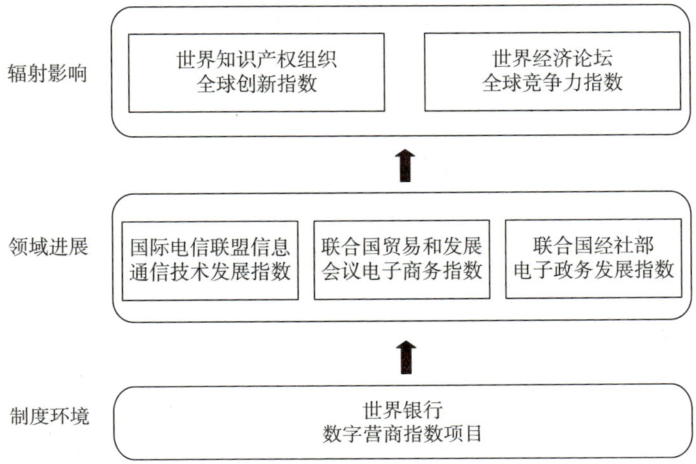

图 19-1　6 个国际组织评价体系的逻辑关系

资料来源：根据 6 个国际组织发布的评价指数项目整理。

第一类是针对数字经济营商环境的试评价。以世界银行数字营商指数（Digital Business Indicators）项目为代表，旨在研究数字商业发展对政策体系带来的挑战（见图 19-2），研究各国促进数字经济的最佳实践，鼓励国家间的良性竞争，建立更加高效的数字经济制度框架。该项目始于 2017 年，指标体系包含网络连接度、数据隐私和安全、物流、支付、数字市场监管等 5 个方面，下设 12 个二级指标，以问卷形式采集数据。2018 年，世界银行对韩国、法国、印度尼西亚、越南、阿联酋、肯尼亚等 21 个国家进行了试评价，我国不在其中；2019 年世界银行对方法论作了进一步完善，2020 年原计划对全球 100 个国家开展首次评价，但受新冠疫情影响未能开展。

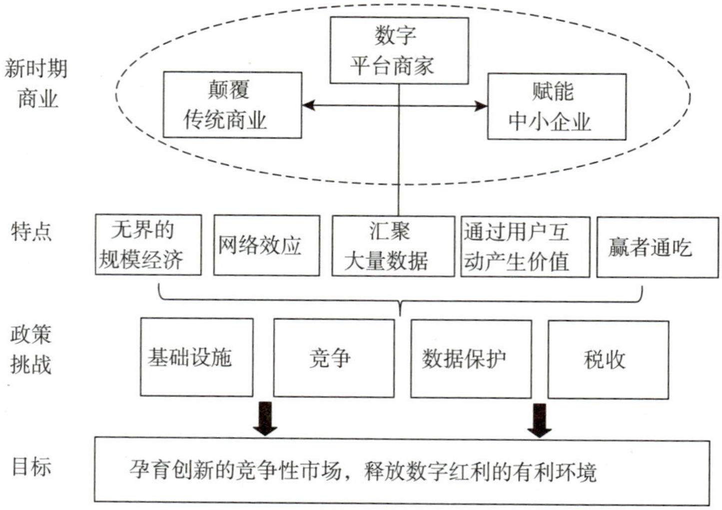

图 19-2　世界银行提出的数字商业及其政策挑战

资料来源：根据世界银行的资料整理。

第二类是针对数字经济具体领域的专题评价。国际上广为关注的指数有 3 个：一是信息通信技术发展指数（ICT Development Index），由国际电信联盟 2009 年推出，包括 ICT 接入、ICT 使用和 ICT 用户技能共 3 类指数，2017 年我国排第 80 位（176 国）。随后，国际电信联盟提议将固定宽带速率、移动流量使用等指标纳入，但各国在收集和提交高质量数据方面面临挑战，2018—2021 年专家组一直在磋商，目前仍在修订中[①]。二是电子商务指数（E-Commerce Index），由联合国贸易和发展会议 2014 年推出。该指数包括互联网个人普及率、金融账号或移动钱包个人持有率、安全服务器占比、万国邮联可靠性 4 个指标。2020 年我

① 自 2018 年以来，根据国际电联全权代表大会（PP）第 131 号决议发布 IDI 或制定全新指数的尝试均未成功，因为电信 / 通信技术（ICT）指标专家组（EGTI）和 ICT 家庭指标专家组（EGH）未能达成共识。在 2021 年 6 月的一次虚拟磋商中，国际电联行政理事会（国际电联在全权代表大会闭会期间的管理机构）同意，关于 IDI 未来的进一步讨论和任何决定都应推迟到下届全权代表大会。2022 年 9 月国际电联全权代表大会修订了关于国际电联如何衡量信息社会的第 131 号决议，会议决定国际电联应通过 EGTI/EGH 并与成员国进行正式磋商，为 IDI 建立一个有效的指标及方法，允许每年发布 IDI，而不进行全球排名，前提是有足够的有效数据覆盖大多数成员国。

国排第 55 位（152 国）。三是电子政务发展指数（EGDI），由联合国经济和社会事务部 2011 年推出，包括在线服务指数、通信基础设施指数、人力资本指数 3 类指数，旨在衡量各国利用数字技术提供公共服务的水平。2022 年，我国排名第 43 位（193 国）。

第三类是将数字经济指标作为构成要素的综合评价。有两个指数受到关注：一是全球创新指数（GII），由世界知识产权组织（WIPO）于 2007 年推出。该指数包括 5 个创新投入指标（制度、人力资本与研究、基础设施、市场成熟度和商业成熟度），2 个创新产出指标（知识与技术产出、创意产出），旨在为各国衡量创新活动和制定创新政策提供参考。2022 年我国排第 11 位（132 国）。二是全球竞争力指数（GCI），由世界经济论坛 2004 年推出，旨在衡量一国经济持续增长的能力。该指数包括制度、基础设施、信息通信技术的应用、宏观经济稳定性、医疗卫生、技能、产品市场、劳动力市场、金融制度、市场规模、商业活力、创新活力等 12 类指标。2019 年我国排第 28 位（141 国）[①]，其中数字基础设施、人口数字技能、服务业竞争程度等是薄弱环节。

二、国际评价体系中的数字营商环境内涵

提取 6 个国际组织评价体系中与数字经济营商环境相关的指标（见表 19-1），发现主要包括 5 类环境：

① 2020 年世界经济论坛发布了《2020 年全球竞争力报告特刊：各国在复苏道路上的表现》，但没有对各经济体进行排名。2021 年、2022 年未发布更新版报告。

表 19-1　　6 个国际组织评价体系中涉及数字经济的 5 类指标

国际组织	世界银行	国际电信联盟	联合国贸易和发展会议	联合国经社部	世界知识产权组织	世界经济论坛
指标名称	数字营商指数	ICT发展指数	电子商务指数	电子政务发展指数	全球创新指数	全球竞争力指数
首发年份	2018年	2009年	2014年	2011年	2007年	2004年
我国最新排名	—	80位/176国	55位/152国	43位/193国	11位/132国	28位/141国
1.数字基础设施环境	1.网络连接程度（普遍接入、域名获取和保护）； 2.金融支付； 3.物流	1.ICT接入（电脑家庭比重、接入互联网家庭比重、国际互联网带宽、移动网络覆盖人口）； 2.ICT使用（移动宽带普及率、移动流量）	1.互联网个人普及率； 2.万国邮联可靠性分数	通信基础设施指数（TII）	1.通用顶级域数量（TLD）； 2.国家顶级域数量； 3.信息通信基础设施	信息通信技术应用（移动电话、移动宽带、固定宽带、光纤入户率）
2.数字经济创新环境	—	ICT技能（平均受教育年限、总入学率、具有ICT技能人群占比）	金融机构账号或移动钱包个人持有率	人力资本指数（HCI）	1.ICT和商业模式创造； 2.ICT和组织模式创造	1.职业人口数字技能创业风险的态度； 2.金融制度
3.竞争与消费者保护环境	数字市场监管（消费者保护、平台责任、电子签名）	—	—	—	—	1.税收和补贴对竞争扭曲； 2.市场主导程度； 3.服务竞争性
4.数据与安全环境	数据隐私和安全（个人权利、跨境数据流动、数据安全与执法）	—	安全加密互联网服务器占比	—	—	—
5.监管与服务环境	数字市场监管	—	—	在线服务指数（OSI）	1.监管质量； 2.法治	1.法律框架对数字商务模式的适应性； 2.政府监管负担； 3.数字参与程度

资料来源：根据 6 个国际组织发布的评价指数项目整理。

（一）数字基础设施环境

数字时代，信息流、资金流和物资流在加速重构，衍生出以宽带网络、金融支付和数字物流为载体的数字基础设施。一是宽带网络基础设施。国际组织首先关注的是域名指标，如通用顶级域（gTLD）数量、国家顶级域（ccTLDs）数量以及“获取和保护域名”制度。其次是网络接入指标，如固定宽带接入率、移动宽带接入率、网络速率等。再次是用户普及指标，如个人互联网普及率、ICT使用率指标。二是金融支付设施。国际组织关注的是个人拥有金融机构账户或移动钱包的比率，以及与支付设施相关“支付许可”“支付鉴权与处理”“支付安全”等指标。三是物流设施。国际组织关注物流绩效指数（含通关、海运、竞争力、追溯、时长等）、物流可靠性（如万国邮联可靠性），以及跨境交易的物流包裹监管制度。这3类设施是发展数字经济的基本前提。

（二）数字经济创新环境

数字经济离不开孕育创新、包容创新的外部制度环境。在创新环境营造方面，国际组织关注4类指标：一是人口数字素养。例如，就业人口或者全国人口中拥有数字技能的人员比率，再或者国民平均受教育年限、入学率等，反映出对数字化人才供给的重视。二是对创业风险的态度。创业文化是孕育创新的温床，世界经济论坛就将“创业风险的态度”列为评价指标，通过调查全球企业高管来获取数据。三是金融制度。例如，风投资金可得性、市场资本化程度、给私人部门的信贷比重、中小企业融资等。此外，创意产出也是关注领域。例如，世界知识产权组织将 ICT 与商业模式融合创新、ICT 与组织模式融合创新，以及移动应用程序的产出等 3 个指标纳入全球创新指数评价。

（三）竞争与消费者保护环境

数字经济具有显著的网络效应、规模经济和赢者通吃特征，平台企业围绕用户注意力展开竞争，并基于大数据分析提供服务。围绕数字市场监管，国际组织关注两大类问题：一类是市场公平竞争。除了服务业竞争程度、市场集中程度以及竞争中立外，还有国际社会热议的数字平台垄断问题。另一类是消费者保护。世界银行单独将“数字市场管理”作为数字营商环境的评价指标，凸显其重要性，包括权益保护（如信息披露、赔偿规则、纠纷解决等）、平台责任（如入驻店家侵犯第三方商标时，平台担负何种责任等）、电子签名（如签名的法律地位、证据有效性、签名认证）等。

（四）数据与安全环境

与数字技术伴生的安全问题日益尖锐，影响人们对数字经济的信任程度。国际上关注 4 个方面：一是服务器安全。联合国贸易和发展会议将具有安全加密的互联网服务器数量占比，作为 4 个核心指标之一，彰显安全底线原则。二是个人数据保护。网络数据包含了海量个人数据，世界银行设置了合法采集、知情同意、用于特定目的、删除个人数据等细化指标。三是数据跨境流动。数据安全关乎国家安全，中心议题是数据跨境流动，如是否允许将个人数据转移至第三国、前提条件是什么，以及需要满足什么条件才能转移。四是数据安全与执法。重点关注数据处理、内部控制、数据加密、数据安全培训、数据泄露等。

（五）监管与服务环境

支持数字经济发展的关键是给新模式萌发的机会，为创业创新提供更大空间。国际组织关注 3 个方面内容：一是监管包容性。新事物往往具有不同于旧业态的发展特点，要求新业态“削足适履”只会限制其发展。世界经济论坛的评估框架从“法律框架对数字商务模式的适应性”“政府监管负担”两个指标来了解制度的包容性。二是监管质量。主要从推动监管程序的公开透明和依法实施的角度，了解“监管质量”和“法治程度”。三是在线服务。在线服务拓展了政务服务边界、方便了企业和群众。联合国、世界经济论坛、世界知识产权组织均将在线服务指数作为关键构成之一。

三、开展数字营商环境评估背后的政策指向

数字经济营商环境包含诸多维度，剖析指标背后的政策需求，可为进一步优化数字营商环境提供导引。

（一）建设数字基础设施，要求放宽市场准入，降低使用成本，促进数字红利普惠分享

数字基础设施是数字经济繁荣发展的基石。建设数字基础设施关键

是调动社会资本积极性，提高供给质量。在网络设施方面，要降低准入门槛，通过拍卖等优化分配频谱、轨道等资源；以财政激励、政府和社会资本合作（PPP）来撬动社会投入，为更多主体参与竞争提供可能；加大普遍服务投入，降低网络使用成本，让数字红利惠及每个国民；全面加强域名管理，维护各类主体的域名权益。对于金融支付设施，核心是完善监管制度，设置独立账户，强化支付安全认证与支付行为监管，确保账户安全和支付安全等。对于物流基础设施，除提高物流可靠性和快捷性外，通关效率、免税起征点也是政策关注点。

（二）完善数字创新环境，要求加快数字人才培养，培育创新文化，强化数字知识产权保护

数字创新环境有其独特性。首先是提升国民数字素养，让数字技术成为教育“必修课”，积极开展数字技能教育，建立适应数字经济的终身学习和就业培训体系，增强适应技术变革的能力。其次是倡导创新文化，崇尚创新、鼓励试错，尊重新生事物，增强创新失败的宽容度和承受力。再次是完善科技金融体系，丰富风险投资、私募投资、上市融资、并购重组等融资渠道，为处于不同阶段的中小企业提供全方位金融服务。最后是保护创意产出，重点是统筹文化、版权、商标、专利等部门，加强数字领域知识产权保护。

（三）营造公平竞争和权益保护环境，要求构建竞争性市场，落实平台责任，保护合法权益

平台企业不仅是服务提供者，还是交易撮合者，兼具了从业主体

和市场开办者双重角色，其核心地位日益凸显。从政策指向看，一方面是推进竞争中立，在准入、税收、补贴等政策上一视同仁；促进平台之间、平台与入驻商家之间，以及线上企业与线下企业的公平竞争；开展经营者集中审查和滥用支配地位调查，规范市场秩序。另一方面是保护用户合法权益，关键是建立多方协同机制，落实平台责任，健全售后服务机制，保障交易安全，打击非法交易等。

（四）构筑隐私保护和数据安全环境，要求夯实网络安全根基，强化个人信息保护，平衡好发展与安全的关系

网络安全漏洞及数据泄露等潜在风险，对数字经济发展构成了巨大挑战。打造在线安全环境，一方面要做好数据中心、服务器等底层物理设施安全工作，落实关键信息基础设施防护责任，防范火灾、宕机等风险，加强设备安全审查，增强防攻击能力。另一方面要强化个人信息保护。拿捏好个人数据保护和合法利用的平衡点，完善个人数据保护立法，制定数据流通交易规范，特别是跨境数据流动，要统筹考虑发展数字贸易和维护国家安全，给出解决方案。

（五）改善政府监管和服务环境，要求推行包容监管，加快建设数字政府，优化线上政务服务

数字经济领域的诸多创新突破了既有发展路径，监管制度必须加快跟上。在数字化转型过渡期，应树立包容监管理念，建立协同监管机制，支持数字平台企业参与政策制定。通过开展政策试点，例如，实施“监管沙盒”来评估利弊，及时取消或放松过时的监管制度，做

到宽严相济。推动数字政府建设，积极运用移动互联网、云计算、大数据等新兴技术，建设集约高效、一体化的政务信息系统，进一步规范网上办事标准、优化办事流程、整合数据资源，加快实现“一网通办”。

四、加快构建我国数字营商环境评估体系

全面推进数字化转型宜尽快将数字营商环境纳入决策议程。建议借鉴国际经验，加快构建跟踪监测评价体系，为数字经济高质量发展提供制度保障。

（一）加快构建符合国情的数字经济营商环境评价体系

国际评价体系以各国可获取的共性指标为主，侧重于对发展状况的评价，对于背后的制度环境关注不够。与国外相比，我国数字经济发展走在前列，但制度建设稍显滞后，事前准入制度亟待优化、公平竞争规则及个人信息保护制度有待完善等。建议以问题为导向，结合《优化营商环境条例》，研究推出我国数字经济营商环境监测及评价体系，至少应涵盖数字基础设施、市场准入制度、公平竞争和消费者保护、个人信息保护和数据安全、政府监管和服务等要素，分类设定发展指标、改革指标和政策指标，建立定期监测评估机制，为持续深化改革指明方向。

（二）将优化数字经济营商环境作为下一步优化营商环境的重点关注领域，着力完善规则和强化执法

数字经济发展离不开优秀的营商环境。建议立足数字经济发展全周期，全链条优化数字经济营商环境，包括：在事前准入方面，进一步简政放权，实行市场准入负面清单制度，优化准入条件，强化公平竞争审查制度刚性。引入“监管沙盒”理念，在试点示范中摸索总结数字经济发展规律和监管框架。夯实平台主体责任，发挥技术优势和数据优势，履行自身合规和协同治理义务，规范平台上入驻商家经营行为。强化数字平台反垄断和反不正当竞争监管，维护公平竞争市场秩序，保护个人信息，维护用户合法权益。加快数字政府建设，运用新技术提升监管能力，在更大范围提供便捷服务。

（三）从数字经济营商环境的短板切入，加快对应的制度调整和政策供给

从国际组织关注的评价指标来看，我国数字经济还存在不少短板，亟须加快政策供给。一是提升网络接入和使用率。我国移动电话普及率、互联网普及率快速提升，逼近发达国家水平，但还面临发展不均衡，区域和城乡差别大、家庭和企业差别大等突出问题，亟须进一步作好普遍服务，让全民用得上、用得起，尤其要降低企业使用宽带网络成本，助力企业数字化转型。二是优化创新环境。目前数字技能人才占比不高，亟须增加数字化人才供给，提高国民数字素养，防范数字化转型引发的结构性转岗潮、失业潮；不断健全小微企业融资

政策体系，为创新创业提供更大支持。三是提升监管质量和法治化水平，进一步提高监管政策制定、实施和评估的程序公开性。四是构筑安全监管链条。加大安全投入，提高安全服务器数量，提升安全防御能力。

执笔人：马源　高太山

第二十章

优化数字经济营商环境的重点方向与改革任务

我国高度重视数字经济发展，当前经济社会各领域数字化转型日益深入。但与传统产业发展规律不同，数字经济有其自身发展规律，既对基础设施、制度环境、创新环境、监管体系等提出了挑战，又带来了数据安全和个人信息保护等新问题，可以说数字经济发展对优化营商环境提出了全新要求。近年来，世界银行、联合国、经合组织等国际机构都在积极开展数字经济营商环境研究和评估。2021 年 7 月，习近平总书记出席亚太经合组织领导人非正式会议并发表讲话，强调“努力构建开放、公平、非歧视的数字营商环境”[①]。党的二十大报告提出要“营造市场化、法治化、国际化一流营商环境”。本文借鉴国际组织研究成果，针对我国数字经济发展现实情况，从中小企业数字化转型视角，提出全面优化数字经济营商环境的政策框架，包括 5 个方面的 18 项工作。

一、加快数字基础设施建设

数字基础设施是信息流、资金流和物资流高效运转的基本前提条件，是国家新型基础设施体系的重要构成，是新一轮扩大有效投资的

① 《习近平出席亚太经合组织领导人非正式会议并发表讲话》，《人民日报》，2021 年 7 月 17 日。

新兴增长点，对于建设现代化产业体系、着力推动高质量发展具有关键支撑作用。

（一）部署先进信息基础设施

我国已经建成全球规模最大、性能优越的固定宽带网络和移动通信网络，2021 年我国互联网普及率仅为 73%，与发达国家 90% 的普及率相比，还差 17 个百分点，企业使用宽带网络的资费还有进一步降低的空间，5G 网络、云计算、卫星互联网等领域面临激烈竞争。充分发挥先进信息基础设施的基础作用，关键是提高网络基础设施的可达性、可用性、可靠性和透明性。一是推进光纤宽带网络、5G 网络、卫星互联网加快部署，深入推进普遍服务，特别是商务楼宇、产业园区等末端垄断环节网络通达。二是统筹工业互联网、数据中心、云计算、智能计算平台等新型基础设施建设，支持中小企业“上云用数赋智”。三是以市场化方式推进网络提速降费，着重降低中小企业用网成本，提高网络可靠性，建立网络中断服务补偿机制。四是超前规划铁塔、基站、管路等通信基础设施，纳入城市建设规划，保障通路权，为基础设施部署提供便利条件。

（二）健全网络支付基础制度

我国网络支付业务量、处理效率、覆盖面均居全球领先地位，2021 年底移动支付在网民中的普及率达到 87.6%，为数字经济发展奠定坚实基础。进一步推动网络支付创新发展，需要健全管理制度。一是完善支付领域基础性制度，着重加强实名制、消费者权益、个人信息保护与资金流通安全管理，防范潜在金融风险。二是深入践行数字普惠金融，深化网络支付在政务服务、公共服务及惠民信息工程等领域的应用。三是鼓励生物识别等新技术应用。

（三）建设现代化物流基础设施

按照世界银行《联接以竞争》全球贸易物流报告，2019 年我国物流绩效水平在全球 160 多个经济体中排名第 26 位，但社会物流总费用与 GDP 的比为 14.7%，物流“成本高、效率低”问题仍较为突出。党的二十大报告指出，要“加快发展物联网，建设高效顺畅的流通体系，降低物流成本”。落实这一战略部署，重点是加快“放管服”改革和推进数字化升级，打造现代化物流基础设施。一是推进物流数字化、网络化、智能化改造，大力推进智能交通的创新应用，提高供需调度和配送效率。二是进一步完善物流业的减税降费，积极稳妥压减车辆通行费、港口费，规范收费行为，降低物流成本。三是简化物流企业开展业务所需车辆、司机、运输等行政审批手续，精简分支机构办理手续，加强对物流交通的指导和服务。

二、提高市场准入便利性

数字经济具有跨行业、跨地域、业态多变、海量分散等特点，产业组织上以平台模式、创新驱动、生态竞争为主。适应数字企业创新发展需求，支持中小企业入驻平台，加快数字化转型步伐，关键是要提高市场准入便利性，更大激发市场活力。

（一）降低数字服务准入门槛

设置市场准入门槛，对防范潜在风险、维护社会公共利益有其必要性，但容易出现准入层层加码、自由裁量权过大情况。据不完全统计，在网络零售、网约车、在线外卖、互联网医疗等领域，企业开展网上经营涉及近70类经营资质，其前置条件大多比照线下业态设置，与数字经济的发展特点不相适应。实际上，数字经济全过程留痕、可追溯性强的特点反而为简政放权、强化事中事后监管提供了更多支持。提高市场准入便利性，一要尽快厘清数字经济主要领域经营资质类许可事项，制定准入事项清单，规范准入要件，力避削足适履、简单套用传统线下业务准入要求，同时要强化准入条件的公平竞争审查，避免行政垄断和地方保护。二要守住监管底线，对于涉及人身财产安全、社会稳定、系统性经济金融风险以及非法或不良内容传播等问题，要依法从严管理，但也要避免"有底线无刻度"的泛化现象，细化自由裁量权，降低企业合规成本。三要坚持分级分类监管，针对不同业态、不同发展阶段的业态及问题，采取弹性监管、敏捷监管、"沙盒监管"等方式。

（二）提升行政审批服务效能

数字经济具有小额、分散、高频以及"一点运营、服务全国"的特点，照搬线下商事登记办法，加大了合规成本。建议优化数字经济领域行政审批流程，着力降低企业制度性交易成本。一是对于入驻电商平台的店家，要求市场主体依法取得相关经营许可（按照市场准入负面清单），对于灵活就业平台上的海量个体户，可探索与平台打通数据通道，实施批量注册。二是简化登记流程，联合数字平台企业探索远程登记；全面推进“一照多址”改革，深化改革，不再强制要求数字平台企业在多地分别设立线下分支机构。三是减少中小企业线上经营的办证数量和难度，深化“证照分离”改革，推行“一业一证”“证照联办”“承诺制”等，破解“准入不准营”难题。

（三）规范数字平台企业的管理和服务行为

数字平台企业一头连接着中小企业，另一头连接着最终用户，提供了注册审核、信息搜索与展示、交易撮合、投诉与争议处理等居间服务。考虑到平台企业在市场上具有显著的优势地位，从制度上保障和维护中小企业的合法权益就变得至关重要。建议从两方面着手：一是对数字平台企业设定的“准入权”加强监管，严禁数字平台企业利用服务协议、交易规则以及技术手段，对中小企业附加不合理条件、收取不合理费用或限制交易活动，特别是引导数字平台企业降低综合收费。二是相关政府部门也要为数字平台企业提供必要的数据支持服务，包括向平台授权开放包括法人登记信息、资质信息、许可审批信息、诉讼信息、知识产权信息、个人诚信记录等在内的各类数据，为平台企业高效核验各类入驻主体真实身份提供支持。

三、建立公平竞争的市场秩序

数字经济具有互操作性强、边际成本低、时空分离、赢者通吃、跨界融合等突出特点，市场竞争往往比较激烈，但由于存在平台主体，也容易出现不正当竞争乃至垄断行为。

（一）完善网络平台治理

数字平台吸引了跨区域、跨时空的海量交易群体，依靠技术创新、规模效应、网络效应等形成强大的数字生态体系，为生态参与者在更大范围交易、更大程度降低交易成本，创造了大量市场机会。完善网络平台治理，一是加强对网络平台监管。不宜从结构上限制数字平台的市场份额，但必须严格监管平台滥用市场支配地位的行为，比如单边强制要求签订各种排他性服务协议、实施自我优待行为等。二是发挥数字平台的第三方作用。落实平台在交易者信息核验、信用管理、产品和服务质量监督、网络和数据安全等方面的主体责任。同时，应制定数字平台企业尽职免责的具体法规或合规指南，避免将本该由政府承担的监管责任转嫁给平台，或者将平台内交易者的过失简单归咎于平台。

（二）强化对恶意软件的监管

恶意软件在网上比较普遍，所实施的恶意行为有很多种，包括隐蔽安装、强制捆绑和抵制卸载，干扰、阻碍竞争对手软件正常运行，强行修改用户软件设置，强行弹出广告，利用病毒控制计算机或网络，不当收集用户信息，隐蔽或强制扣费等。国家计算机网络应急技术处理协调中心《2021 年上半年我国互联网网络安全监测数据分析报告》显示，我国境内感染计算机恶意程序的主机数量约 446 万台，同比增长 46.8%。新增移动互联网恶意程序 86.6 万余个，通过对恶意程序的恶意行为统计发现，排名前三的是流氓行为类、资费消耗类和信息窃取类，分别占 47.9%、20.0% 和 19.2%。根据恶意软件快速迭代不断翻新的特点，要靠法规、技术、行业自律等多个手段并用，及时完善法规、加强监测、及时治理，引入智能化监管工具；加强行业自律，引导企业守法经营和肩负社会责任。

（三）加强数字知识产权保护

数字化转型对传统的知识产权保护制度带来了巨大挑战，一方面知识产权的形成过程更加复杂，网络版权往往是多方协同参与的结果，权责有时难以清晰界定。另一方面制度维护成本高，侵权者可能掩盖其真实身份，导致侵权追溯难、查控难。我国越来越重视数字知识产权保护，自从 2005 年开始连续开展 17 年“剑网”专项行动，2021 年重点强化短视频、网络直播、体育赛事和在线教育领域版权监管，删除侵权盗版链接近 120 万条，关闭侵权盗版网站和 App 共计 1066 个。进一步加强面向数字经济的知识产权保护，需要加快司法转型。一是根据技术创新特点，加快完善网络空间版权保护相关法律法规，特别是与数据相关的基础性制度。二是充分利用先进技术加强能力建设，包括建立电子诉讼平台实现线上立案，探索利用区块链和人工智能技术解决网络侵权的取证、存证和认证难题，健全互联网审判模式等。三是加强国际合作，应对数字经济侵权行为日益全球化的趋势。

（四）保障线上线下公平竞争

我国长期鼓励数字经济发展，对线上业务给予不同程度的相对优惠；同时，面对线上业务对线下业务的冲击，有些地方或部门对线下业务给予一定的保护。随着数字化转型的深入，线上线下公平竞争的矛盾日益突出。促进线上线下公平竞争，需要优先解决好两个问题：一是完善数字经济的税收制度。建立在传统工业经济基础之上的现行税收制度面临巨大挑战，需要跟随数字化转型而加快调整。二是加快建立线上线下公平监管制度。可以适当给线下传统业务的数字化转型提供必要的过渡期和政策支持，但是要避免对传统部门保护举措的长期化，关键还是要创造公平的市场机会，由消费者选择推动优胜劣汰，加快新旧业务融合进程。

（五）打击网络欺诈等犯罪行为

网络犯罪是新的犯罪形态。随着互联网金融的迅猛发展，诈骗分子利用三方支付、四方支付、跑分平台、数字货币、贸易对冲等多种方式，不断改变转账洗钱手法，转账速度快、隐蔽性强，对网络环境带来较大危害。据公安部统计，通过建立快速止付冻结机制、涉诈银行账户风险监测拦截机制等，2021 年，共紧急止付群众被骗款 3291 亿元，使正在打款的 150 万名受害群众免于被骗。治理网络假冒伪劣和欺诈行为，需要结合新出台的《中华人民共和国反电信网络诈骗法》，采用法治化、数字化、网络化的思路。应注重源头治理、综合治理，针对网络全域性、传播快的特点，健全风险监测机制，进一步提升预警拦截能力；坚持齐抓共管、群防群治，统筹电信治理、金融治理、互联网治理等力量，完善综合措施，细化配套法规政策；利用新技术建立网上投诉举报、网上取证、跨区协作执法办案等制度，提升执法效率。

四、加强网络安全与用户权益保护

网络安全是数字经济的基础，建议重视三方面工作。

（一）强化网络系统和数据安全

数据是开展网络经营的核心竞争优势，关乎中小企业商业秘密及市场地位。其中，数字平台企业连接着供需双方，获得了大量的用户数据和交易数据，是数据安全体系的核心所在。近年来国家陆续出台了《中华人民共和国网络安全法》《中华人民共和国数据安全法》《关键信息基础设施安全保护条例》等法律法规，以及《网络安全审查办法》《数据出境评估办法》等规范性文件，基本上构建起网络安全、数据安全相关制度体系。党的二十大报告指出要“健全国家安全体系”，“强化经济、重大基础设施、金融、网络、数据、生物、资源、核、太空、海洋等安全保障体系建设”。做好网络安全和数据安全工作，关键是要统筹发展和安全，以新安全格局保障新发展格局，进一步健全网络安全管理制度，推动网络安全技术创新，增强维护国家安全能力。

（二）加大个人信息保护力度

近些年来，个人信息保护问题是社会各界反响强烈，也亟须有效解决的问题，包括过度收集个人信息、强制授权、过度索权、数据泄露、数据非法交易等。2021 年 8 月我国出台了《中华人民共和国个人信息保护法》，明确要规范个人信息处理活动，促进个人信息合理利用，第五十八条特别针对“提供重要互联网平台服务、用户数量巨大、业务类型复杂的个人信息处理者”，明确 4 项合规义务，包括建立健全个人信息保护合规制度体系，成立主要由外部成员组成的独立机构进行监督；制定平台规则，明确平台内产品或者服务提供者处理个人信息的规范和保护个人信息的义务；对严重违反法律、行政法规处理个人信息的平台内的产品或者服务提供者，停止提供服务；定期发布个人信息保护社会责任报告，接受社会监督。下一步要平衡好保护与合理应用的关系，重在完善相关配套法规，推动各具体领域完善部门规章，加大执法检查力度，加大案件查处和警示力度；健全个人信息保护标准体系，加强对 App 违法违规收集使用个人信息进行监测分析，严惩窃取、泄露、篡改个人信息等各类不法行为。

（三）加强用户合法权益保护

用户权益保护涉及信息真实、交易安全、消费执法、滥用评价权、消费维权等多个方面。网络空间侵权行为隐蔽、责任认定困难，进一步加大了用户维权难度。有调查显示，22.5% 的用户由于维权成本过高而放弃维权。加强合法权益保护，应进一步明确平台的履责范围及追责标准。一是从源头着手，推动平台按照法律法规要求，动态健全交易规则、服务协议和争议解决机制，按照《中华人民共和国民法典》规定，及时协商解决侵权行为。二是加大平台算法及用户权益保护规则审查力度，重点是增强算法透明度和可解释性，完善用户投诉受理处置闭环工作机制，让用户维权更便捷、更见效。

五、提升政府监管与服务能力

数字经济的经营理念、运作模式和发展路径与传统业务有所不同，传统监管体系也要与时俱进进行重塑，同时要用好数字技术，增强政府在线服务能力。

（一）建立面向数字经济的监管体制

数字经济具有“一点接入、全网服务”的特性，跨越了属地经营的时空限制，尤其与线下业务深度融合的领域，更是兼具多重产业特征，这就要求对传统上以属地监管、单一业务为主的监管体系进行改革。一是改变属地监管的模式，加强纵向央地联动、横向部门联动以及异地协同联动，减少各地之间的政策差异性，降低平台企业全国一体化运营的制度壁垒。二是针对各类融合型业态，要通过分级分类、试点示范等方式，摸索研究其发展规律，在此基础上探索引入敏捷监管、“沙盒监管”等模式，借鉴国际经验、出台监管指引，明确牵头部门，统筹各相关部门的资源，减少重复监管和多头监管。三是促进协同治理，关键是深化政企合作，发挥数字平台的技术优势、人才优势和数据优势，支持以政府购买服务等方式提升监管能力。

（二）深化公共数据开放共享

公共数据共享难、开放难的痼疾长期存在，严重制约了数字经济的创新发展。自 2017 年以来，我国陆续开展了相关公共数据开放试点工作，各地也积极探索。到 2021 年底，全国 21 个省（区、市）建成了省级数据开放平台，提供统一规范的数据开放服务，但数据开放程度不高、数据资源开发利用不足的问题依然存在。推进公共数据开放共享，加快培育数据要素市场，让“死数据”变成“活水之源”，是壮大数字经济新动能的关键举措。建议立足为企业和群众提供政务数据开放服务，全面深化公共数据的开发利用，主要工作包括建立完善政务大数据管理体系，进一步健全政务数据开放共享制度体系，推动各级各部门全面梳理数据集，摸清数据家底，加强分类管理；按照“整合是原则、孤网是例外”的要求，推动政务信息系统整合共享；制定年度政务数据开放重点清单，明晰数据开放的权利和义务，界定数据开放的范围和责任，推动数据安全有序开放，释放数据价值。

（三）增强法规和标准的适应性

数字经济创新活跃，需要同时提升法规和标准的适应性。建议加强动态监测评估，及时修订法律法规和标准要求，为产业发展提供指引。一方面，要做好法规的“立改废释”工作，重点评估行业准入制度，打破隐性壁垒或变相审批，增强政策的包容性和灵活性。统筹推进数据产权、流通交易、收益分配、安全治理，加快构建数据基础制度体系，完善数据要素市场化配置机制。加强算法、人工智能等新技术治理，重视科技伦理，防范负面影响。另一方面，要加快制定标准和认证体系，对于数字技术与传统产业融合的新产品新业态，如智能汽车、智能医疗器械等，支持企业参与制定技术标准、测试规范及认证要求等。

（四）全面提高政府在线服务能力

我国“互联网＋政务”“一网通办”已取得显著成效，但进一步提高在线办事便捷度还有努力空间。实现从“群众多跑腿”到“数据多跑路”的根本性转变，关键在于深化行政体制改革，加快转变政府职能，建设数字政府。一是精简审批事项目录，优化在线办理流程，特别是要实现部门间数据互联互通，实现“分头办”向“协同办”转变。二是加快建成全国一体化政务服务平台，建设全国一体化政务大数据体系，明确政务服务办理规范，推动跨地区、跨部门、跨层级协同办理，全城通办、就近能办、异地可办。三是扩大在线办事范围，推动政务服务事项应上平台，尽上平台，推广“一次认证全网通办”，基于在线服务大数据，不断优化提高政府在线服务能力。

执笔人：马骏　马源　高太山